温良恭俭中国礼

张立敏 著

国学微读 蒋寅 主编

凤凰出版社

图书在版编目（CIP）数据

温良恭俭中国礼 / 张立敏著. -- 南京 : 凤凰出版社, 2017.10
（国学微读 / 蒋寅主编）
ISBN 978-7-5506-2657-7

Ⅰ. ①温… Ⅱ. ①张… Ⅲ. ①礼仪－中国－古代－通俗读物 Ⅳ. ①K892.9-49

中国版本图书馆CIP数据核字(2017)第248787号

书　　名　温良恭俭中国礼
著　　者　张立敏
责任编辑　王清溪
书籍设计　徐　慧
出版发行　凤凰出版社(原江苏古籍出版社)
　　　　　发行部电话025-83223462
出版社地址　南京市中央路165号,邮编:210009
出版社网址　http://www.fhcbs.com
照　　排　江苏凤凰制版有限公司
印　　刷　苏州市越洋印刷有限公司
　　　　　苏州市吴中经济开发区南官渡路20号,邮编:215104
开　　本　787×1092毫米　1/32
印　　张　6.5
字　　数　140千字
版　　次　2017年10月第1版　2017年10月第1次印刷
标准书号　ISBN 978-7-5506-2657-7
定　　价　42.00元
（本书凡印装错误可向承印厂调换,电话:0512-68180638）

序

自上世纪末以来，“微”字一步步走入我们的生活。先是微机、微生物、微量元素，然后是微博、微信、微视、微观察、微语言、微电影、微讲堂，最后是微店、微商、微客、微营销、微服务、微伙伴、微幸福……今天，我们的日常生活已是一个由“微”构成的世界。而在消费领域，更仿佛所有的需求和供给都趋于微化，连阅读也开始进入微读的时代。这一微化的趋势及意义，尚难一言以蔽之，但我想它首先意味着更多元、更个性化、更有针对性的社会需求以及相应而生的各种供给。

持续增长的中国经济所带来的不只是满足物质欲望的需求，同时也酝酿着社会对精神文化的渴求。经济腾飞、国力增强的成功，多少找回点国人对民族文化的信心，教育水平的提高更为传统文化的普及提供了适宜的土壤，“国学热”顺理成章地在世纪之交成为文化市场的时尚。从大学讲堂到民间书院，从经院学术到大众传媒，国学忽然成了全社会关注的对象。大学纷纷成立国学院，出版社推出各种高头讲章，电视台也开办各类国学知识讲坛，一时间国学不可谓不热！但遗憾的是，这热潮并未能让国学得到很好的普及和承传，甚至国学作为知识的基本属性在社会上下也不曾达成一致的认识。一个有象征意味同时也颇具反讽效果的事实是，国学将作为一级学科设立，而且被归入历史类。让我迷惑的是，它下设的国史（中国史）、国文（中国语言文学）原本就是一级学科，不知将如何自处；更不知道将来顶着国学博士头衔求职的人，将如何回答考官“你学的是什么专业”的问询？当他们说明自己的专业范围时，考官定会惊讶：你说你获得的是“文科博士”或“人文学博士”吗？世界上没有这样的学位。曾有日本书法家在欧洲开展览，当被问及书写字体何以像汉字时，此君回答那是亚洲字。识者哂道，从来没有以洲际命名的文字。同理，也从来没有以跨知识领域命名的学位。

将国学设为一级学科并归入历史类，显示出学界对国学概念理解的模糊不清。与近代许多学术概念一样，“国学”也源自日语名词，本指相对于洋学的日本传统学问，近代中国借指相对于西学的以儒家学说为主体和价值核心的中国文化与学术，西人称之为Sinology，也译作“汉学”或“中国学”。它以先秦儒家经典为根基，吸收诸子学说和佛教等外来文化，历经两汉经学、魏晋玄学、宋明理学等学术思潮及文学、艺术史的充实和发展，以诗赋、史传、注疏、翻译、骈散文、词曲、传奇、小说等丰富多彩的文本形式构筑起庞大的知识体系，是记录和传承华夏民族物质和精神文化的古典知识的总和。国学的基本属性，或用一句话来给国学下定义的话，那就是本国传统学问。它对应的知识范围是传统图书分类学意义上的经史子集四部文献，是反映古代中国的知识积累和学科区分意识的知识系统。其中既有与现代学科分类对接的知识门类，如史学；也有与现代学科分类不相容的知识门类，如经学、诸子学。将这古典知识系统纳入现代科学体系，必然会出现方枘圆凿的结果。

自近代以来，学人间常有一种偏见，以为学科划分源自西学的影响。历史学家顾颉刚年轻时也曾说过，“中国的学问是向来只有一尊观念而没有分科观念的”，“旧时士大夫之学，动称经史词章，此其所谓统系乃经籍之统系，非科学之统系也”（《古史辨》自序）。这是不符合事实的。即便是经史词章，古代也自有分科。南朝梁元帝萧绎《金楼子·立言》云：“古人之学者有二，今人之学者有四。夫子门徒，转相师受，通圣人之经者，谓之儒。屈原、宋玉、枚乘、长卿之徒，止于辞赋，则谓之文。今之儒，博穷子史，但能识其事，不能通其理者，谓之学。至如不便为诗如阎纂，善为章奏如伯松，若此之流泛谓之笔。吟咏风谣，流连哀思者，谓之文。”这是唐以前的学问分科。鲁曾煜《穆堂别稿序》举程子之说曰：“古之学者出于一，今之学者出于三，曰道学也，经学也，词学也。”这是宋代理学家的学问分科。宋濂《傅幼学字说》论后世之学，说：“士有以理财为学者矣，有以听讼为学者矣，有以治兵为学者矣，有以文章为学者矣，有以训诂为学者矣。”这是明人的学问分科。王棻《论学》则说：“尝观古今天下之学术，大概有三，而其别有四，举业不与焉。曰性理之学，经济之学，训诂之学，词章之学。”曾国藩也有义理之学、词章之学、经济之学、考据之学四科的划分（《求阙斋日记》），分别对应于孔门德行、言语、政事、文学四科。这又是清代在正统观念主导下的学科分类。如果切合社会实际而进行学科划分，那么包括的知识面还要广得多。应抡谦《万子充宗仪礼解序》云：“今之世有经济之学，有禅玄之学，有诗赋之学，有四六之学，有刑名之学，有举业之学，而性命之学则未之见也。”对应当今的学科分类，包含政治、经济、宗教、文学（文秘）、法学、逻辑、哲学、伦理八科。方以智之父孔炤又说：“言义理，言经济，言文章，言律历，言性命，言物理，各各专科，然物理在一切中，而《易》以象数端几格通之，即性命、生死、鬼神，只一大物理也。”（《物理小识》引）这又相当于今天的哲学、政治、经济、文学、天文、数学、哲学、心理学、自然科学九科，这大体就是中国古代传统学问的学科分类。

中国古代没有自然科学的概念，现代学科分类中的物理、化学、生物学等都以“物理”之名概之；与近代学科分类相比较，传统学问又没有工、商、医、农诸分科。大体说来，传统观念中的学问体系，以性理之学、经史之学、辞章之学为正统学问，词曲之学、书画之学、物理之学、天文历算之学、地理水道之学、医药之学、兵法律令之学为杂学，奇门遁甲、星象堪舆、卜筮相占、释道修炼之学为旁门左道。说它不同于近代学科体系，甚至说是前现代的知识体系都可以，但要说没有分科观念，显然是不合适的。所谓国学，就是这些知识门类的综合体，是一个由古典的学科分类支撑的知识体系，将它纳入当今的现代学科分类中，结果只会带来学科体系的混乱。这就是我赞同设立国学院，甚至建议用传统知识体系乃至教育理念来教学，却坚决反对设立国学一级学科的道理。

由于学界在“国学”概念认知上的迷惑，近年的国学热在导向上存在很大的偏差，重思想史、学术史而轻艺术史和生活史，传统国学教育中的“四科”、“六艺”几乎被淡忘。虽然市面上涌现出一大批国学类出版物，但多数为学术著作和较专门的读物，适合普通读者阅读的普及读物，尤其是涵盖传统国学丰富内容的读物还较少。为此我们共同编纂了这套意在普及传统文化知识的“国学微读”丛书，希望以独特的形式、适当的内容和扎实的知识，引领青少年和对国学感兴趣的读者畅游国学天地。由个性化的写作，个性化的阅读，获得见微知著的效果。

这套丛书的宗旨主要是为读者提供丰富有趣的传统文化知识，其中包括华夏民族文化的基础知识、传统观念和道德习俗，还有日常生活、游戏等内容。选题和总体设计都经过反复斟酌，以适应普通读者的阅读需求。除了讲究知识的完整、系统、准确之外，还注意深入浅出，通俗易懂，可读性强。为此，各位作者在构思、视角和叙述文字上都很下了一番功夫，相信读者们能够感受到他们的勤奋和努力。必须说明的是，普及读物不同于学术著作，学术著作只有一种写法，或者说只有一种较好的写法，而普及读物却有无数种写法。就国学这么大的题目而言，不同的作者会写出各种不同面目的书来。我们的设计和写作未必就是最理想的，因此很希望听到读者的意见。各位读者若能将读后感反馈给我们，那我们就有了改进的动力和方向。

国学，不仅沉睡在浩瀚的古籍里，也生活在你我的交流中。无数微读的星光，会汇成银河，将国学的夜空照亮。其中有你，也有我。

蒋　寅

2016 年 9 月 1 日于中国社会科学院文学研究所

目　录

前　言

中国是举世公认的礼仪之邦，重视礼仪是我们延续了几千年的优良传统。就拿华夏民族这个称谓来说吧，“华夏”的命名就和礼仪有关。唐代有位大学问家叫孔颖达，他在《春秋左传注疏》卷五十六中就对“华夏”一词做出过这样的解释：“中国有礼仪之大，故称夏；有服章之美，谓之华：华夏一也。”意思是说，中国有形式丰富、无所不包、无时无处无不遵循的礼仪，所以称得上“夏”；中国人崇尚文明，人们穿着的衣冠服饰都非常亮丽，所以称为“华”。“华夏”合在一起成为一个词汇，充分体现了我们中华民族崇尚礼仪的可贵品质。

在古代人眼里，礼仪是人特有的本性。礼仪是人之所以为人的前提，只有懂得了礼仪，人类才超越了禽兽。《礼记·曲礼》有这样的记载：

> 鹦鹉能言，不离飞鸟；猩猩能言，不离禽兽。今人而无礼，虽能言，不亦禽兽之心乎？夫唯禽兽无礼，故父子聚麀。是故圣人作，为礼以教人，使人以有礼，知自别于禽兽。

意思是，鹦鹉虽然会说话，可它还是只飞鸟；猩猩即使会说话，仍然脱离不了兽类。当今的人如果不讲究礼仪，即使能说话，不也是禽兽吗？因为这个缘故，圣人才用礼仪来教育人，使人懂得自己和禽兽不一样。与此类似，我国古代的第一部诗歌总集《诗经》中有一篇《相鼠》，诗中写道：

相鼠有皮，人而无仪！人而无仪，不死何为？
相鼠有齿，人而无止！人而无止，不死何俟？
相鼠有体，人而无礼！人而无礼，胡不遄死？

《相鼠》共三章，尽管内涵都差不多，但这种重章复沓的节奏感很美，而且层进式地强调了不懂礼仪的严重性。看啊，老鼠还有一张皮呢，有些人却不讲究礼仪。如果做人不讲究礼仪，为什么不死去呢？看啊，那老鼠还有牙齿呢，做人怎么能没节制。要是做人没有节制，不去死还等什么？看啊，那老鼠还有肢体呢，做人怎么能不讲礼，要是做人不讲礼，为什么不快点儿死？《相鼠》在《诗经》中属于《鄘风》，也就是来自鄘地民间，是老百姓们自己编的歌谣，反映了百姓们的普遍心声。诗中的言辞比较激切，直说不讲礼仪的人

《少陈俎豆》，张楷修、邵以仁增修《圣迹全图》，清刊本

连老鼠都不如，还不如死了算了！可见古代的百姓把礼仪看得多么重要啊，他们对不遵守礼仪的人特别反感。

古人特别是在读书人这个阶层，普遍把自觉地学习和遵守礼仪看做一个人成熟的标志。《论语·泰伯》中记载孔子对学生说过，“兴于诗，立于礼，成于乐。”《论语·季氏》篇也记载孔子对他的儿子鲤说过“不学礼，无以立”，这一句和前文的“立于礼”的意思是一样的，都是说礼仪是人安身立命的根本条件。如果一个人不懂礼仪，看上去就很不成熟，和社会环境融合不进去，没有立足的资本，这样就谈不上个人的远大前程，为国效力、建功立业就更别提了。不但是提高个人素养这样的小事，像治国这样的大事更离不了礼仪制度也就是礼法。《礼记·哀公问第二十七》中记载，有一次，鲁哀公问孔子怎么才能把国家治理好。孔子回答说：“为政先礼。礼者，政之本与！”要治理好国家就得先把礼法制度弄清楚，礼法是政治的根本。要是一个国家做什么事情没有礼法可循，那就麻烦了，非乱成一团不可。孔子还对哀公详细地讲解了为什么礼仪这么重要：

> 丘闻之，民之所由生，礼为大。非礼无以节事天地之神也，非礼无以辨君臣上下长幼之位也，非礼无以别男女父子兄弟之亲、昏姻疏数之交也。君子以此之为尊敬然。

孔子认为在生活中，礼法太重要了。没有礼法就没法掌握祭祀天地神灵的分寸，皇帝和大臣、上级和下级、长辈和晚辈的秩序也没法维护，男和女、父和子、兄和弟，以及远近亲属们也不能有区别地交往。君子需要通过适当的礼仪表现对别人的尊敬，同时也获得别人对自己的尊敬。礼法清清楚楚了，社会也就秩序井然，不会乱套了。孔子认为礼仪的重要性非同寻常，晏子也这样认为。《晏子春秋 · 内篇 · 谏上》记载了晏子和齐景公的一段对话，晏子说：

> 夫礼，民之纪。纪乱则民失，乱纪失民危道也。礼者，所以御民也，辔者，所以御马也。无礼而能治国家者，晏未之闻也。

晏子对齐景公说，礼法是百姓遵循的公共规范，礼法乱套了，不好好实行，老百姓就无所适从，不知道该遵守什么了。礼法是统治天下百姓的工具，就像辔头是用来笼络马的一样。要是不制定礼法就能把国家治理好，那可没听说过。可见，晏子和孔子一样，也把礼法看得非常重要，与治国息息相关。在先秦诸子中，孟子也说过重视礼仪的话，如“仁者爱人，有礼者敬人”（《孟子 · 离娄下》）。他觉得懂得礼仪的人修养好，自然会尊重别人，整个社会的和谐就顺理成章了。

中国古代的圣贤和普通百姓都推崇礼仪，这一点外国人是看在眼里的。清末到访中国的美国人亚瑟 · 亨 · 史密斯著有《中国人的性格》，这是一本在美国少有的持久畅销的著作，书中引用了卡莱尔先生的一段话，概括了他对中华礼仪的看法：

> 礼是中国人所有思想观念的集中体现；在我看来，中国可以贡献给世界的最合适、最完美的专著就是《礼记》。中国人的感情靠礼来满足；他们的职责靠礼来实现；他们的善

恶靠礼来评判；人与人之间自然的关系靠礼来维系——总而言之，这是一个由礼来控制的民族，每个人都作为道德的、政治的和宗教的人而存在，受家庭，社会和宗教等等多重关系的制约。（乐爱国、张华玉译本，学苑出版社 1998 年版）

从这段话来看，国外睿智的思想家对中国的礼仪印象颇为深刻，他的陈述恰如其分地点出了礼仪在中国传统社会中的枢纽地位——掌控着中国的历史、中国人的生活和思想。由于传统礼仪文化的熏陶，普通中国人呈现出来的精神面貌让人赞叹不止。狄更生说：

我到过的国家中没有一个国家的普通民众像中国人这样自尊、独立和彬彬有礼。比如说在美国，似乎每个人都认为必须通过粗鲁的行为让你确信他们和你一样优秀。在中国不会有这种事情发生，因为他们决不会有低人一等的念头。他们没有这种自觉的权利主张，更少有像在印度到处遇见的那种拍马奉承。中国人是追求平等的。就他对自己和朋友的态度而言，他已经与西方民主主义者所希望的相差无几了。（狄更生著《中国佬信札：西方文明之东方观》，卢彦明、王玉括译本，南京出版社 2008 年版）

不过，礼仪文化悠久而备受重视，几千年来形成了系统的规范，却也并不意味着其中的所有东西都是正确的，都是值得今天来继承的。刻板地注重礼仪形式而忽略实质，这一弊端长期积累，逐渐地羁绊了中国文明前进的脚步。特别是到了清代末期，有些人将礼仪外化于音容笑貌、衣食起居等浅在形式方面，空谈礼仪而不面对现实，缺乏骨气和真性情。晚清美国外交官何天爵在《中国人本色》里讲述了他的一些经历和看法：

> 在中国，礼仪比道德更加重要。中华民族比其他民族都更加讲求、遵守外在的形式。礼仪对他们来说可以被称为一种艺术。其实大部分礼节已经退化成了矫揉造作。然而这种缺乏灵魂的、细微严格的形式被保存了下来。几乎所有人都遵守这些形式，马车夫，破衣烂衫的乞丐，乡下人，以及城里的花花公子。在许多时候，你可以指责一个中国人是骗子，而他安之若素，因为他们往往会把侮辱性语言当做恭维；但是，如果你指责一个中国人违反了礼节，他可能会反应强烈，会粗声大气地和你理论一番。
>
> 在中国，如此古老的一个国家，礼节不仅是完全固定下来的，而且形式上繁冗复杂。它涉及到每一言行。在很大程度上，由于指定了形式，交谈就失去了新鲜感和新奇感。（张程、唐琳娜译本，中国言实出版社2006年版）

这本书指出了晚清中国人在礼仪践行方面的一些过失，问题似乎比较严重。的确，在体现厚重源远的精神文明优势的背后，繁文缛节、交流空洞，导致办事效率低下、事倍功半、不务实等弊端，已经对中华民族的形象产生了些许不良的影响，一定程度上阻碍了整个民族前进的脚步，这些都需要我们去深刻反思。

以上是对中国传统礼仪的一些认识，无论从《诗经》、《礼记》这些经典著作，古代圣贤孔子、孟子和晏子的人生思想和治国方略，还是从目睹晚清社会状况的美国人亚瑟·亨·史密斯和何天爵的著作中，我们都可以感受到礼仪在古代中国的重要地位和非凡意义。因此在今天，要了解古代的人与社会，继承传统文化的精髓，从中吸纳宝贵的精神财富，反思历史，以古鉴今，没有基本的礼仪常识是不行的。何况，中华民族是一个传承性极强的民族。与传统社会相比较，当今时代虽然发生了巨大变化，中华民族重视礼仪的传统却没有改变。当代礼仪有哪些传统的精神基因在，哪些传统因子在现实中不知不觉地流失，需要我们重新拾起，哪些需要创新和改造，这些都是我们需要学习、了解传统礼仪的一些重要因素。传统礼仪讲究行为举止得体、合式、应景，在今天乃至将来依旧是人类行为举止与社会交往的基本原则。

鉴于以上因素，本书力图从日常起居、家庭关系到社会交往、人际关系等方面，结合经典文学作品、历史典故，介绍古代礼仪的基本知识，以便读者了解传统的行为规范和生活作风，自觉提升个人品德修养和行为水平，在传统文化的涵咏中加深我们对传统文化的认知和理解，以便进一步继承和发扬中华传统优秀文化遗产。

本书共分为五章。第一章简要介绍服饰、仪容、方位、器物、称谓、举止、礼节等基本礼仪规范，使读者对于古人的言行举止有一个大体的了解。第二章按照生老病死的时间序列，介绍一个人人生大事涉及的礼仪，如生育、成年、婚姻、寿诞、丧葬。宴饮、拜贺、吊唁、书信等作为社会人际交往的主要内容，将在第三章介绍。中国传统社会是个农耕社会，节令文化发达，因此第四章专门叙述传统的除夕、元日、元宵、立春、清明、端午、中秋等节令礼仪。最后一章依次介绍传统五礼——吉礼、凶礼、军礼、宾礼、嘉礼，举例叙述每种礼仪类型的内容和制度体现。

第一章　基本要领

辛亥革命以前的中国，人们着装打扮不像今天这么开放，人际交往也没有现在这么随意，和什么人打交道，办什么事情，怎么穿衣戴帽，如何坐立行走，办事情的时候比如祭祀、宴饮，用什么东西，用多少东西，怎么安排座次，对什么样的人用什么样的称呼，行什么样的礼等，都是很严格很讲究的。一般来说，服饰、仪容、方位、器用、称谓、举止、礼节等是古人需要掌握的基本礼仪内容。

一　服饰

服饰在中国古代社会中显得非常重要。序言中，我们已经引用了孔颖达对“华夏”一词的解释：“夏，大也。中国有礼仪之大，故称夏；有服章之美，谓之华：华夏一也。”说明了“华夏”的得名来源之一就是中国人得体美观的服饰。“华夏一也”说明礼仪和服饰在本质上是统一的，而“华”与“夏”组合成词的时候，“华”在“夏”的前面，充分表明了古人对服饰的高度重视。几千年来，我国积淀了深厚的服饰文化，在世界上独树一帜，中国也往往被称为“衣冠上国”，中华文明也就有了“衣冠文明”的雅号。

早在春秋战国时期，服饰的礼仪特质就深化了。《礼记·冠义》中有这样一段话：

凡人之所以为人者，礼义也。礼义之始，在于正容体、齐颜色、顺辞令。容体正，颜色齐，辞令顺，而后礼义备。以正君臣、亲父子、和长幼。君臣正，父子亲，长幼和，而后礼义立。

在一个人的成长过程中，学会礼仪是非常重要的，而服饰即“正容体”被看做礼仪中的首要之义，在此基础上，控制自己的表情，配上温和得体的语言，这样小至家庭的和睦，大至国家社会的安定有序才能实现。《礼记》代表的儒家服饰观念在社会上影响极大，特别是到了西汉汉武帝时代，董仲舒提倡“罢黜百家，独尊儒术”以后，儒家思想的政治地位提高到前所未有的程度，服饰的社会政治功能得到强化，与之相关的礼仪规范也越来越完备。这样一来，人们戴帽穿衣，佩饰物，穿鞋子，都郑重其事，特别是正规场合，一定要符合规矩，不可以随心所欲。

首先来说帽子。帽子在今天一般是为遮阳、防寒，也有用来作装饰的，不分大小，不分款式，不分材质，只要喜欢就可以任意选择来戴，但先秦时期可不是这样，那时只有身份较高的成年男子才有资格戴，平民只能裹头巾，罪犯也没有资格戴，未成年人也不能戴冠。那时的冠一般由冠圈、冠梁和缨即两条小丝带组成。戴上后，必须保持端正，而且不能轻易取掉。据《左传》和《史记 · 仲尼弟子列传》记载，鲁哀公十五年，卫灵公宠信足智多谋的美人南子，太子蒯聩被迫出走。卫灵公驾崩后，蒯聩的儿子姬辄登基，这就是卫出公。为了不失去手中的权力，卫出公对自己的亲生父亲异常无情。他在位十二年，一直不许父亲入境。后来蒯聩想办法迫使他的外甥、卫国大夫孔悝立盟，将卫出公赶下王位，自立为庄公。孔子最讲义气的门生、卫国蒲邑宰子路，当时是孔悝的家臣，当他得知蒯聩要挟孔悝的时候，赶紧从远道孤身前往，满心希望能够解救孔悝，不幸遭到围击。混战中，子路冠上的缨被划裂，他说："君子死而冠不免。"于是从容地系上缨了，端正冠的位置，结果被士兵乘机剁成了肉酱。因为正一正头上的冠而丢了命，这种做法似乎有点儿傻气，但这恰好说明，在当时人眼中，端庄地戴冠是一个人的尊严所在。对帽子的重视，体现了人对自身的重视，从中我们可以深切体会到"凡人之所以为人者，礼义也"的内涵所在。

到了汉代，戴冠仍是贵族和官员的特权，但冠帽的样式丰富多了，等级差别也更加分明。如汉高祖刘邦在发迹前发明了孔氏冠，登基后规定贵族的爵位在八级以上的，而且是祭祀时才能戴，其他人不许戴。公卿大夫行射礼的时候，统一戴上像倒扣的杯子一样的委貌冠。百官正月朝贺时，皇帝戴山形的通天冠。文官和儒生戴前高七寸、后高三寸、长八寸的进贤冠，以帽梁的数量来区分等级，公侯三道梁，中二千石以下至博士两道梁，自博士以下至小吏、私学弟子一道梁。执法的法官戴的是法冠，又叫做獬豸冠。獬豸是传说中的神羊，这种羊非常聪明，能够辨别曲直，断定官司，所以法冠最鲜明的特点是上面有一个类似羊角的东西。汉代的冠帽还有武冠、鹖冠、樊哙帽、爵弁、皮弁、方山冠、术士冠等种类，什么身份什么场合就戴什么帽子，坚决不许越级。

冠帽制度尽管严格，但也不是一成不变的，如以前只有普通的老百姓才戴头巾，到了汉代这一习俗逐渐改变了，贵族也开始戴头巾，而引领这股潮流的重要人物是王莽。据《汉书·王莽传》和蔡邕《独断》记载，王莽篡位时已经五十多岁，头发花白，不好看，也显得精力不旺盛，于是他在头发上花了很多心思。功夫不负有心人，最终他把头发成功地染成了黑色，但光染发还不行，因为已经秃顶了，只靠帽子遮不住，于是他在头上先戴一个头巾，再戴帽子。贵族大臣对此感到新奇，纷纷效仿，习惯成自然了。

汉代的冠帽制度对后世影响非常大，直到明清之际，基本上没有太大的改变，所以下面直接来说说清代的冠帽。清代因为是满族建立的政权，所以官帽从质地、造型上和前代相比有很大的不同，大多数是用貂皮、海獭皮、狐皮等皮革制成的，而形状都一样，像个斗笠，所不同的是上面的顶戴花翎，职位的高低就以此为据。顶戴是指官帽上的珠子，材料主要有红蓝宝石、珊瑚、水晶、青金石、素金等，用料越贵就证明等级越高。花翎是帽子上插的孔雀翎，翎羽上的圈纹被称为眼，有单眼、双眼、三眼之分，眼越多等级越高，没有眼的称蓝翎，等级最低。因为官级的差别主要表现在顶戴花翎上，所以官员在被降级或撤职时，更换或摘掉上面的顶子就可以了。清初为了统治需要，实行了剃

聂崇义《新定三礼图》，清刻本

发令，人们都梳辫子，当然就不能带头巾了。民间男子盛行戴扣住整个头部的小帽、毡帽、风帽等，孩子则戴狗头帽，帽子两旁装上两只毛皮狗或兔耳朵，以防天冷在外玩耍时耳朵被冻。

其次，说说衣服。服饰文化中最重要的是衣服。早在一两万年以前，山西朔县峙峪人和山顶洞人就会用骨针缝兽皮衣服。大约五六千年前，中国进入农耕社会，出现了麻布和葛布的衣服。到了传说中的黄帝、尧、舜时代，服装的基本款式就确定了。《易经·系辞下》中说："黄帝、尧、舜垂衣裳而天下治，盖取诸乾坤。"西汉淮南九家易学派解释说，黄帝之前，人们都穿毛羽、兽皮、树叶等来抵御寒暑，黄帝开始制作衣裳，并主动充当模特，穿给天下人看。衣取天覆万物的意思，居上；裳取地承载万物的意思，在下。我们今天所说的衣裳并不分，但在古代，衣指穿着上面的衣服，穿在下面的才叫裳，从《易经》看，上衣下裳的基本款式在黄帝时期就确定了，但这时衣裳的意义还不止于此，晋代的韩康伯认为黄帝"垂衣裳"的目的是"以辨贵贱，乾尊坤卑之义也"，即通过衣裳与天地的匹配让人们有尊卑的观念并服从它，从而天下也就不发生动乱了。可见那个时期，衣服就被赋予了政治上的内涵，故后世衣服的形制、款式、面料、颜色、图案等有严格的等级区分，"非其人不得服其服，所以顺礼也"（《后汉书·舆服志》），从中可以看出穿戴者的尊卑、高下。

我们以男性的服装为例。龙袍是天子的特定服装，不得私制，也不许随便穿，否则会被视为谋反。《水浒传》中宋江攻打方腊时，缴获一箱龙袍、皇冠等，阮小七不懂朝廷规矩，穿上逗大家开心，结果归京受赏的时候就因此被免职了。龙袍的颜色为明黄色，所以成语"黄袍加身"就是指做皇帝。《历代笑话集》中有这样一则笑话，说一个乞丐从京城回来，自夸曾经见到过皇帝。有人问他："皇帝是什么装束呀？"他说："头上戴着白玉雕成的帽子，身上穿着黄金打成的袍子。"那人听了，又惊讶地问："金子打成的袍子，穿上了怎么作揖呀？"乞丐呸了他一口，说："真是个啥都不懂的蠢货，既然做了皇帝，还向谁作揖呀？"其实皇帝哪里是乞丐能见到的，皇帝在祭祀等场合也是要行礼的，这个乞丐显然是在瞎说，但起码龙袍是黄色的他还没弄错。

本来老百姓也可以穿黄色，但从唐高宗开始，黄色就被皇家独占了。唐代的官员三品以上穿紫袍，四品、五品穿绯袍，六品、七品穿绿袍，八品、九品穿青袍。著名诗人白居易曾经被贬为江州司马，因为官品低，穿青衣，所以他在《琵琶引》中写道："座中泣下谁最多？江州司马青衫湿！"除了颜色之外，能反映官员等级差别的还有补服。补服又称补袍，是一种饰有品级徽识（即补子）的官服。明代的补子是一块大约四五十厘米见方的绸料，织绣上不同纹样，再缝缀到官服上，胸背各一，表示品级。文官的补子用飞鸟，武官的补子用走兽，各分九等。清代的官服也缀有补子，鸟兽的纹样和等级，与明代大同小异。其中一品是文官鹤、武官麒麟；二品，文官锦鸡、武官狮；三品，文官孔雀、武官豹；四品，文官雁、武官虎；五品，文官白鹇、武官熊；六品，文官鹭鸶、武官彪；七品，文官鸂鶒、武官彪；八品，文官鹌鹑、武官犀牛；九品，文官练雀、武官海马。此外，都御史、按察使等，均绣獬豸（参《大清会典图》）。绣制好的补子华丽耀眼，所以远远地人们就能识别对方的身份。

穿衣服除了不能越级，还要注意场合。孔子曾说："儒有一亩之宫，环堵之室，荜门圭窬，蓬户瓮牖，易衣而出。"（《礼记 · 儒行》）一个人太穷了，房子破败不堪，门是用荆条、蓬草编织的，窗户用破瓮来充当，即使是这样，出门也得换衣服。那么皇帝和官员更是讲究，除了日常的便装以外，还有朝服、祭服等，每种场合都不能马虎。如明代焦竑《玉堂丛语》卷三记载，明朝天顺年间，大臣薛瑄有事入朝，英宗本来戴着小帽，穿着短衣，听说薛瑄来奏事，赶紧换了袍服。再如《红楼梦》第十四回写贾蓉的妻子秦可卿病逝，出殡之日，各王侯家在送殡的路上设祭棚路祭，北静王水溶“五更入朝，公事一毕，便换了素服，坐大轿鸣锣张伞而来，至棚前落轿”。第十六回写贾政过生日，正在家里喝酒听戏，忽然夏太监来宣旨让他们进宫，贾政和贾赦等赶紧换上了朝衣出发。

穿衣服虽然有非常多的讲究，但并不意味着单纯追求华美。《荀子·子道篇》记载了子路见孔了的故事。因为对孔子非常崇拜，子路特意穿着华丽的衣服来拜见孔子。哪知道孔子说，你为什么要穿这样的衣服呀？大江发源于岷山，它的源头水很少，只能浮起酒杯，但是到了下游，人们不乘舟，不避开风，就不能渡江了，难道是到了下游水才变多的吗？今天你穿得这么华丽，颜色这么鲜艳，天下人谁肯给你一些建议呢？子路听了老师的教诲，急忙快步回家换了一套朴素的衣服来。孔子是主张人修饰自己的，他曾说过：“见人不可以不饰。不饰无貌，无貌不敬，不敬无礼，无礼不立。”（《大戴礼记·劝学》）但从上面这个故事可见孔子并不看好华美奢靡，他提倡的是自然质朴，穿着要得体、不张扬，这也是古代社会的主流风尚。《红楼梦》中的薛家富甲一方，但薛宝钗的穿着就比较保守，第八回写宝玉去梨香院找薛宝钗玩，看见薛宝钗正坐在炕上做针线，“蜜合色棉袄，玫瑰紫二色金银鼠比肩褂，葱黄绫棉裙，一色半新不旧，看去不觉奢华”。应该说薛宝钗什么衣服都买的起，但她不铺张浪费，很会过日子，谦逊低调，合乎礼仪规范，所以她能被贾母和王夫人看中，成为贾府儿媳的最终人选。

着装在以上要求之外，还要做到整洁。朱熹在《训学斋规》中写道：“夫童蒙之学，始于衣服冠履，次及语言步趋，次及洒扫涓洁，次及读书写文字。”他认为童稚时期，首要学习的是严肃着装，这比读书写字更重要，因为这涉及做人的问题。他说：“大抵为人先要身体端正，自冠巾、衣服、鞋袜皆须收拾爱护，常令洁净、整齐。”“要紧束，不可宽慢。宽慢则身体放肆不端严，为人所轻贱矣。”也就是说穿衣服不讲究会让人不尊重，瞧不起。而且朱熹还说吃饭、走路时要小心，别弄脏衣服，衣服脱下后要叠好放在柜子里，不许乱放，以免沾上灰尘，穿脏了要勤洗，“破绽，则补缀之，尽补缀无害，只用完洁”，破了就补上，补丁多了不要紧，只要整洁就可以。《庄子 · 山木》中载庄子“衣大布而补之，正緳系履而过魏王”，意思是庄子曾经穿着带补丁的粗布衣服，理正了腰带，系好鞋子去见魏王。庄子的事迹可与朱熹所言相印证，可见如果家境不好，买不起好衣服，穿带补丁的衣服去见王侯贵族也是合乎礼仪的。皮肤尽量少暴露也是衣冠整洁的一个方面。《礼记 · 曲礼》有“敛发毋髢，冠毋免，劳毋袒，暑毋褰裳”的规定，即不能袒胸露背，天气再热，也不要撩起衣裳，或者上身不穿衣服。

其三，谈谈配饰和鞋子。配饰一般戴在头上，或挂在腰间。有一些是分等级的，如唐代官员三品以上的佩金鱼袋，五品以上的佩银鱼袋，六品以下的没有鱼袋。一些则为表现职业特征，如汉代的案牍文吏流行把笔插在耳边，称为簪笔。还有些是为了美观实用的，如《红楼梦》第十七回至十八回载，因为贵妃元春要回家省亲，贾府特意建造了大观园，贾政命宝玉和家中的幕僚同游赏，为各个景点命名并作题咏。因为贾宝玉表现不错，连跟从他的年轻男仆都沾了光，这些仆人来讨赏，不要赏钱，“一个上来解荷包，那一个就解扇囊，不容分说，将宝玉所佩之物尽行解去”。林黛玉误以为她做的荷包也被抢走了，一气之下把为宝玉做的香袋铰碎了。宝玉当时没有爵位，只是个贵公子，这些香囊、荷包、扇袋等都是男子常见的随身配饰。鞋子在古代大多数时候没有特别的品级上的规定，但是由于造价不同，出现差别是自然的。贵族和富人大多穿丝或皮革做成的鞋，穷人就只能穿麻鞋和草鞋了。木屐的底上有齿，因为不易透水，所以下雨天穿最好，又因为轻便，所以通常当休闲鞋穿。南朝的著名诗人谢灵运就发明了可以将前后齿自由取掉的木屐，上山时去掉前齿，下山时去掉后齿，游玩时极为省力。大诗人李白《梦游天姥吟留别》中这样写道：“脚着谢公屐，身登青云梯。半壁见海日，空中闻天鸡。”谢公屐就指谢灵运发明的木屐。明代的时候关于鞋子有些限制，如洪武元年，规定普通百姓的靴子上不许绣花纹，不许用金线装饰，后来干脆不许百姓穿靴，这条禁令一直延续到清代前期，不过即使无禁令，老百姓经常穿的也还是布鞋。相对于衣冠和配饰，鞋子的礼仪规范比较简单。

以上讲的都是服饰的礼仪规范，如果不遵守，会怎么样呢？那就会被视作对社会的叛逆，要承担相应的后果。如公元前 636 年，流亡宋国的郑公子子臧因为穿着不得体，“好聚鹬冠。郑伯闻而恶之，使盗诱之。八月，盗杀之于陈、宋之间”（《左传·僖公二十四年》)。因为戴帽不得体,招致了杀身之祸。隋朝的孙万寿原来是滕穆王杨瓒的文学侍从,据《隋书》卷七十六《孙万寿传》记载,其“坐衣冠不整,配防江南”,即因为他衣冠不整洁,被发配到江南多灾异的地方,从此闷闷不乐。宋代的著名书画家米芾,也是因为衣服惹了祸。他有洁癖,所以官服洗得太勤,别人的还很新,他的就洗旧了,站在大臣中间反差很明显,因此引起皇帝不满,也被贬了官。这些都是衣冠导致的个人得失,大而言之,衣冠在历史上还有改变国家命运的实例。西汉末年外戚王莽篡位,刘秀力图兴复汉室,在激烈复杂的政治斗争中,刘秀集团一度不占优势,更始帝刘玄即位后,刘秀还是司隶校尉,然而这时发生了一件关键的事情,《资治通鉴》卷三十九记载,刘玄将要移都洛阳,让刘秀先去整修宫殿,刘秀训诫他的属下办事一如汉代的旧制度。当时三辅吏士来迎接刘玄,见刘玄下属“冠帻而服妇人衣”,不免觉得好笑,而刘秀属下衣冠整齐,吏士们非常欢迎。有些年纪大的甚至热泪盈眶地说:没想到今天又见到了汉代的衣冠风俗。一次普通的行军,使刘秀赢得了人心,为建立东汉奠定了基础。可见穿衣戴帽,的确不可不慎。

二　仪容

说起仪容,首先让人想到的是女子的装束打扮。把自己打扮得漂漂亮亮的,一颦一笑都十分得体,这是古代妇女的基本礼仪要求。《诗经 · 葛覃》是一首关于女子出嫁的诗,其中有这样一句:“言告师氏,言告言归。”《毛诗注疏》卷一解释说,古代有女师傅教女子“妇德、妇言、妇容、妇功”,其中“妇言、妇容”属于仪容的范畴,即说话要温和委婉,不要顶撞。容貌方面要“媚”,即漂亮妩媚，注意修饰自己。此外"妇德"就是要具备温顺的德行，听丈夫和公婆的话，"妇功"指纺线织布，做衣服鞋子这类的针线活。这种教育在女子十岁的时候就开始了，等到出嫁前的三个月，再重新强化一下，为的是让女子出嫁后做一个贤妻良母，兴家旺夫。因为从小就受这方面的教育，所以每个女子都喜欢装扮自己，并对自己的行为举止都很注意。《诗经·硕人》中所描述的庄姜就是一位标准的美人。庄姜是齐侯的女儿，嫁给卫侯为妻，诗中说这位美人"手如柔荑，肤如凝脂，领如蝤蛴，齿如瓠犀。螓首蛾眉，巧笑倩兮，美目盼兮"，无不恰到好处，观者也无不倾倒。

传周昉《簪花仕女图》，美国弗利尔美术馆藏

女子注意仪容的目的较为简单，贵族女子有应酬方面的需求，而普通妇女除了满足自己的爱美之心，主要为博得男子的喜爱。《诗经·伯兮》记载了一位女子在丈夫从军出征后的心理和生活，"自伯之东，首如飞蓬。岂无膏沐，谁适为容"。自从丈夫走后，这位痴情女子就无心再打扮了，头发乱蓬蓬的，那些用来化妆的东西都放在那里，不是没有，而是没心思用。她想：丈夫

不在家，我打扮好了给谁看呢？所谓“女为悦己者容”，就是这么回事。所以如果丈夫不是不在家，而是不喜欢妻子化妆，那么女子也就没必要打扮了。成语“举案齐眉”比喻夫妻和谐恩爱，原主人公是梁鸿和孟光，但《后汉书》卷一百十三载，孟光嫁给梁鸿后，一连七天梁鸿都不理他。孟光很奇怪，问梁鸿：“我听说你是位高士，很多女子要嫁给你你都不肯，最终选中了我，我也是许多男子都不嫁而看中了你。但是现在已经成婚了，你却不理我，这是为什么呀？难道我有什么不妥的地方吗？”梁鸿说：“我喜欢的是简朴的能吃苦的人，可以和她一起隐居深山。现在你穿着绮丽的衣服，擦着粉，这是我要娶的人吗？”孟光于是更改了自己的发型，穿着粗布衣服干活。梁鸿大喜，说：“你真是我梁鸿的贤妻呀！”

女子在古代社会处于从属地位，所以她们的仪容如何其实没有太大关系，最多影响了时代的审美潮流，而对处于主导地位的男性来说，仪容就没有那么简单了。《论语·里仁》中有这样一段话：“夫容貌者，人之符表也。符表正，故情性治；性情志，故仁义存；仁义存，故盛德著。”《管子·形势解》中也说：“言辞信，动作庄，衣冠正，则臣下肃。言辞慢，动作亏，衣冠惰，则臣下轻之……故曰：进退无仪，则政令不行。”这些话都是针对男性说的。也就是说，一个普通人或君主要注意自己的仪表，仪态端庄，才能提高自身道德修养，臣民才不会对自己不尊敬，政令也就容易实施了。因而，古代的一些皇帝非常注意自己的形象，如西汉的两位皇帝汉武帝和汉成帝，《汉书》卷二十载大臣汲黯来奏事，正巧汉武帝没有戴冠，见汲黯进来，急忙躲入帐子里，戴好了才出来。《汉书》卷十记载，汉成帝“善修容仪”，作为君主的形象极佳，上车后就正面站立，不回头看，说话语速适中，也不用手指来指去，“临朝渊嘿，尊严若神，可谓穆穆天子之容者矣”。再如唐代的宣宗，也非常谨重，《唐语林》卷七说他要和大臣谈论政事的时候，“必整容貌，更衣盥手”，然后才从内殿出来。此处所谓“整容貌”的具体内容，除了梳理头发，可能还画一下妆。古代男子在面上傅粉是很正常的现象。如《后汉书补逸》卷十九载顺帝时所任命的官员有很多不称职，大臣李固上奏，前后免除了百余人，引起小人的不满。于是这些小人联合起来，在奏折中诬陷李固说：“大行在殡，路人掩涕，固独傅粉饰貌，搔头弄姿，盘旋偃仰，曾无惨怛之意。”意思是汉安帝出殡时，在路上送殡的人都掩面哭泣，只有李固脸上擦了粉，在那里摆弄姿态，没有悲伤的样子。可见汉代时男子就盛行化妆，但在丧礼上是不可以的。《三国志补注》卷二中还有这样一件趣事。何晏从小长在宫中，非常聪明，曹操很喜欢他，经常和他讨论兵书中的问题，把他当做儿子一样对待，后来招他为驸马。何晏长得非常白净，曹操经常怀疑他是因为擦了粉才这样，于是在大热天赐给他汤饼。何晏吃得大汗淋漓，不断地用衣服擦脸，可是脸还是那么白，曹操这才相信了何晏的脸白是自然色。这说明三国时男子也经常傅粉。皇帝傅粉画眉的例子如齐文宣帝高洋，《隋书》卷二十二说他“末年衣锦绮，傅粉黛，数为胡服，微行市里”。不但穿着华丽，还擦胭抹粉。不过一般的皇帝虽注重容貌仪表，但不会画得很浓，齐文宣帝是个以荒淫出名的皇帝，所以才会有这么过分的打扮。

除了皇帝，有修养的文人士大夫也都注重仪容。《庄子·田子方》中说孔子去见老子，不巧老子刚洗完头，正披散着头发等着晾干，于是孔子就退出来等他。《恩福堂笔记》卷下记载，清代出身书香世家的大臣英和拜见翰林前辈窦东皋，两人谈得非常投机，从早晨聊到中午，虽然当时正是炎热的三伏天，可是两个人都“正衣冠危坐”，以至于汗如雨下。《后汉书 · 马援列传》记载汉代的伏波将军马援，虽然是以骁勇善战著名的武将，却非常懂得礼仪，不戴冠，绝不进哥嫂的屋子。

历史上也有不注意仪容，引起尴尬，甚至遭严重处罚的事情。《晏子春秋》卷五记载，春秋时期齐景公有一次散着头发未戴冠就出宫了，守门人对他说，您就这样出去吗？这哪是国君的样子？齐景公非常惭愧，赶快回去了。《宋稗类抄》卷三载宋太祖赵匡胤有一次宣翰林学士陶谷入宫商量事情，天色已晚，陶谷来了，见宋太祖只穿着便服，于是进去几次都退了出来。侍者催了几次，他都不肯再动，这时候，太祖才发现自己没换衣服，急忙命人拿袍子来穿上。皇帝至高无上，一时不注意不要紧，但作为臣民就不一样了，仪容不整会惹祸上身，受到严厉惩罚。《史记 · 魏其武安侯列传》中记载，武安侯田蚡有一次不穿朝服而穿着短衣进殿，尽管他是太后的亲弟弟，仍被判以大不敬之罪。

以上所说的仪容主要是指外表，其实，对于男子来说，仪容还有更深的层次，就是指表情。作为表情的仪容在古代的要求主要有严肃、温和、谦虚、临危不惧。

《论语 · 泰伯》载曾子有疾，孟敬子来探视，曾子告诉他说“君子所贵乎道者三”，其一就是“动容貌，斯远暴慢矣”。就是说保持严肃，这样才能使别人对你不粗暴、不怠慢。朝廷议政时必须如此，《汉书》卷五十一记载大臣贾山曾经上书劝汉文帝说，古代的君王“服法服，端容貌，正颜色”，然后才见大臣，所以大臣没有不尽心竭力地报效君王的，希望文帝通过严肃的仪态塑造一种威严，同时让臣下有被尊重的感觉，让他们更好地服从自己。而治家和治天下是一样的，在《红楼梦》的人物角色中，贾政是贾家的中流砥柱，也是一个标准的古代士大夫。他人品端正，而且总是保持一副很严厉的样子，所以贾府上下没有敢在他跟前放肆的。相反，贾宝玉虽然是贾家未来的顶梁柱，却长了一双似笑非笑含情目，对女孩子更是低声下气，所以连仆人都不怕他。礼仪要求人们平时要严肃，而在举行祭祀等仪式的时候，更要保持庄严肃穆。唐代大文豪韩愈在国子监任职时，作有一篇《省试学生代斋郎议》，就是以仪容为标准，建议上司不要用国子监的学生来做负责祭祀的斋郎，说宗庙社稷的事情不可以不恭敬。如果现在让学生来兼任斋郎，逐渐把祭祀的器物也交给他掌管，这样做并不合适。学生没有接受过专门训练，“其思虑必不固，其容貌必不庄”，即他的思想不坚定，表情也不够严肃，所以不能胜任。

容貌固然应该严肃，但同时还要展示温和的一面，这样才能让大家和你亲近，说的话才容易被大家接受。唐代大臣董晋死后，韩愈为他作行状，其中就说：“其容貌温然，故有言于人无不信。”一个人的地位很高，很有才华，那也不能在表情上太张扬。《史记》卷六十三载孔子问礼于老子，老子说，我听说精明的商人都把他的宝货藏得很深，“君子盛德，容貌若愚”，真正有高尚德行的君子，看上去却很愚钝，去掉你的骄傲和充满欲望的神态，以及好色之类不好的思想吧，那些对你都没有什么好处。孔子听了很受益。所谓“容貌若愚”就是一种谦虚的表情。如此看来，儒家提倡的温良恭俭让中，其中“温”、“恭”与“让”都与仪容有关。

临危不乱，喜怒不形于色，能做到这一点谈何容易，但《世说新语 · 雅量》中就记载有若干这类高人。如作为竹林七贤之一的嵇康，将要被砍头了却神气不变，要了一张琴，悠闲地弹起了《广陵散》，弹完后自负地叹息说："袁孝尼曾经跟我说要学习这首曲子，我当时固执地拒绝了，从此以后，这支曲子就再也没有人能弹了。"裴叔则在被关进监狱的时候，也是神色不变，举止自若，请求人给他纸笔，在那里练书法。后来因为替他说情的人非常多，所以免罪。出狱后仕途亨通，最终做到了仪同三司这样的高官。庾亮在镇压苏峻的叛乱时不幸战败，带着两个弟弟和手下，总共十几个人乘着小船逃跑，突然有一支箭把掌舵的人射倒了，那些人都大惊失色，只有"亮不动容"。晋简文帝死后，桓温以为自己的权力被削弱是谢安和王坦之向皇帝建议的结果，于是设了埋伏，请谢安和王坦之赴宴。王坦之很害怕，但"谢之宽容，愈表于貌。望阶趋席，方作洛生咏讽，浩浩洪流"。谢安不但表情更加淡定，还吟诵诗篇。桓温见他这么旷达，于是把兵士悄悄撤掉了。还有一次，谢安正在和人下围棋，仆人呈上了谢玄自淮河寄来的信，谢安看了，没有作声，接着下棋。和他下棋的人问战事怎么样了，他说孩子们打败了敌军，而神色依然那么平静。其实这哪里是什么小的战役，这是名垂青史的淝水之战啊！

了解到以上事迹，我们不禁想问为什么关于仪容有这么多的佳话？有那么多古人的风度让我们倾倒？这要归功于古代的教育。在古代，仪容是童蒙时期的教育课程。《重订训学良规》规定："危仪为定命之符，衣冠务齐整，坐立务端正，行步务安详，音语务温和。不许举动轻浮，不许亵狎戏谑，不许出言刻薄，不许负气争斗。"宋代朱鉴所著《文公易说》卷十六有这样的话："前书奉问谢公之说，论下学处，莫不以正衣冠、肃容貌为先，盖必如此，然后心得所存，而不流于邪僻。”是说他曾写信给友人，谈论学生放学的时候，仍然应该整理好衣冠，保持面容严肃，这样才能记住学习心得，而不至于想到歪门邪道上去。从课堂到课下，都有这样严格的教育，古代自然就会出现许多风度翩翩的人物了。

三　方位

我们今天选择住房方位主要是考虑采光问题。在室内，如果是开会、聚餐或招待客人，坐什么位置也比较简单，突出主次、主客的地位就可以，而朝什么方向坐着却不太需要考虑。但在古代，方位是敏感严肃的话题。

“南面”即脸朝南坐着是最尊贵的。为什么这样呢？因为南面是阳面，而北面是阴面，从感觉上南向比较好。再从字形角度讲，“南”也比“北”吉利。“北”的象形字是两个人背对着，意思是背对着逃跑，所以战败也称败北。《史记》卷七载项羽兵败，被汉兵追到江边，他的美人虞姬已经自刎，但他坚决不肯渡江，不愿意家乡父老看见自己战败的狼狈相。他死前总结自己失败的原因说：“吾起兵至今八岁矣，身七十余战，所当者破，所击者服，未尝败北，遂霸有天下。然今卒困於此，

右一甲骨文为“北”，国家图书馆藏

此天之亡我，非战之罪也。”既然“北”蕴含有失败的意思，君王图个吉利，当然要面向南方而坐了。

因为面南背北是君王就座时的方位，所以“南面”就成为临朝听政或成为君王的代名词。《庄子 · 齐物论》中有这样一段话：“故昔者尧问于舜曰：‘我欲伐宗、脍、胥敖，南面而不释然。其何故也？’”意思是说从前的时候尧问舜：我想讨伐宗、脍和胥敖，可是每当临朝要提这事的时候，心里总是感到不安，这是为什么？除了皇帝，诸侯王也是面南背北而坐。韩信曾被封为汉王，《史记》卷九十三载：“韩王信报曰：陛下擢仆起闾巷，南面称孤，此仆之幸也。”这是对刘邦的感恩之语，说他还是个平民时受到刘邦赏识，被擢用，直到今日封为韩王，南面而坐，以孤自称，他本人深感荣幸。

顾闳中《韩熙载夜宴图》宋摹本，故宫博物院藏

皇帝或诸王是面南而坐，与之相对，“北面”就成了臣服的代名词。《史记》卷八载项羽把义帝子婴杀掉了，当时刘邦身为汉王，听说了这件事大哭起来，他不但为义帝哀悼三天，还特意派遣使者告诉其他的诸侯说：“天下共立义帝，北面事之，今项羽放杀义帝于江南，大逆无道。”就是说诸侯们商议好共同拥戴义帝，臣服于他，现在项羽放逐义帝，还在江南把义帝杀了，真是大逆

不道。刘邦其实也是虚情假意，他只不过想借此挑起义愤，使人心背离项羽，向着自己。其中所说的“北面事之”，就是指臣服义帝子婴。《史记》卷九十四还记载有田横不愿臣服于刘邦的故事，也用了“北面事之”之语。田氏一直盘踞在齐地，后来被韩信灭掉。刘邦建立汉朝后，田横害怕被杀掉，率领了五百名勇士到海岛去避难。刘邦派使者前去招降，田横考虑了一番，决定跟从使者来朝见。但是到了离洛阳城三十里的地方，田横说：“横始与汉王俱南面称孤，今汉王为天子，而横乃为亡虏而北面事之，其耻固已甚矣。”于是拔剑自刎。可见田横因为也曾经“南面称孤”，与刘邦处在同一地位，现在他面对着“北面事之”即向刘邦屈服的事实，感到非常耻辱，所以结束了自己的性命，可谓刚烈之士。

因为君王是面南背北而坐，所以侍奉他的人就只能在他的两侧东西向了。《山西通志》卷六十载唐代沙陀国李晋王有画像在柏林寺中，这轴画上一共七个人，晋王穿着红袍子坐在胡床上，手里拿着弓箭在瞄准。其实晋王有一只眼是瞎的，外号独眼龙，画者这样设计巧妙地掩盖了晋王的缺陷，令人叹服。晋王南向坐，所以他身边的仆从站立的方位就是“其二东向侍，其二西向侍”，即两个脸朝东，两个脸朝西。

不谈君王，百姓在日常生活中，也可以南向坐，但有时朝哪个方位坐有其他方面的讲究，比如出于对长者的尊敬。《庄子·庚桑楚》中有这样一则故事，庚桑楚是老子的得意门生，他离开老子后住在北方的畏垒山上，因为性格清静无为，他和当地的百姓相处融洽，并为他们办了很多好事，还使这个地方的粮食获得了大丰收。老百姓感激他，也肯定他的能力，在一起商议要拥戴他为国君。庚桑楚对名利不感兴趣，所以听说了这件事，很不高兴，因为老子住在南面，所以庚桑楚当时是面南而坐的。

除了座次，古代的建筑和在建筑内外进行的各种活动也有方位上的讲究。古代人居住的院落整体上是对称的，而位尊者的房屋在院落的中央，其他两侧建厢房，又称偏房，为地位或辈分低的人居住。如古代后宫，皇后的宫室位置居于正中，所以称中宫或正宫，其次是住东宫、西宫的妃子地位较高，其他的则住在侧殿。而在一般家庭中，正妻住的都是正房，妾住在两旁，所以妾又被称作偏房、侧室。古代建筑的主体由堂、室和房组成，都建在高台上。堂的位置在室的前面，一般就在这里接待客人。堂的前面有东西两个阶梯，东阶是主人走的，宾客必须走西阶。到了堂内，再上一层阶梯才是室，这就是“登堂入室”这个成语的来源。庭是院子当中的空地，在堂的下面，所以人所处的位置就有了上下的分别。一般来说尊者在堂上，地位低下的人一般不能升堂，只能站在堂下听候吩咐，或者站在堂的台阶上。《红楼梦》第七回就说到王熙凤和宝玉到宁国府闲逛了一天，天黑时起身告辞，“尤氏等送至大厅，只见灯火辉煌，众小厮都在丹墀侍立”。“丹墀”就是指台阶，因为涂成红色，所以有这样的称呼。“小厮”是年轻的男仆，可见他们等候吩咐的时候是恭敬地站在大厅前的台阶上，而不是在堂上。

堂内再升一段台阶是室，室主要是供居住用的，但也可以有其他活动，比如宴客。室内的座次和帝王上朝时的方位规矩不一样，坐在西边脸朝东的是最尊贵的位置，其次是坐北朝南，再次是坐南朝北，东边的位置最卑。《史记》卷七记载的刘邦应项羽之请赴鸿门宴一节，说：“项王即日因留沛公与饮。项王、项伯

紫禁城前朝三大殿鸟瞰

东向坐，亚父南向坐，亚父者，范增也。沛公北向坐，张良西向侍。”项羽是主人，而且他本人心高气傲，毫不谦虚，对刘邦又不怀好意，所以自然坐在西面最尊的位置。项伯是项羽的叔父，所以方位和项羽相同。项羽的谋士范增一直很受项羽尊敬，项羽称他为“亚父”，所以南向坐。而刘邦次于范增，坐南朝北，显然没被项羽看在眼里的，未受到相应的尊重。张良是刘邦的下属，地位更低，所以被安排在东边。

除了上下东西南北中，左右位也有讲究。古人有时以左为尊，有时以右为尊，故自己坐在右边或左边，空出左边或右边的座位即“虚左”或“虚右”，都有礼贤下士，表明诚意的意思。《史记》卷七十七载，作为战国四公子之一的魏国信陵君，是位贤达的贵人，喜欢招纳宾客，为国出力。当时魏国有一位隐士叫侯嬴，有七十岁了，家里很穷，在大梁看门。信陵君听说了，赶忙命人带着厚重的礼物去聘请他，侯嬴不肯。于是信陵君预备下酒宴，请了很多客人来，而自己“从车骑虚左”亲自去迎接他，“虚左以待”的成语就源于此。不但如此，信陵君还容忍了侯嬴一些非礼的举动，最终感动了侯嬴。后来侯嬴果然为信陵君出了奇策，帮助魏国的友国赵国摆脱了秦兵的围困，而侯嬴为了使这件事成功和保住信陵君的名誉，断然自杀了。

《晋书》卷九十四也载有一则“虚左以待”的故事，不过主动请贤的人最终没有成功。晋代的郭瑀本是敦煌人，东游张掖，拜郭荷为师，得到了郭荷的真传。郭瑀精通经义，善于辩论，写文章，而且人品高洁，他的老师郭荷死后，他曾经戴重孝，建了一所茅屋守墓三年，就像给亲生父亲服丧一样，因此获得了人们的尊敬。郭瑀在当地传授学问，前来学习的弟子超过了千人。当时的凉州刺史叫张天锡，非常跋扈，盘踞一方，正想拉拢一些文人为他出谋划策。听说郭瑀有才华，张天锡就派他的手下孟公明带着礼物去请，而且亲自写了一封信给郭瑀，信中有这样一句“故遣使者，虚左授绥，鹤企先生，乃眷下国”，说他派使者请郭瑀来做官，请郭瑀不要拒绝他的邀请。但孟公明到了郭瑀隐居的地方，郭瑀指着在山间飞翔的鸿雁对他说：“这样的鸟能生活在笼子里吗？”于是就逃走了。孟公明一怒之下囚禁了郭瑀的学生，郭瑀不得已到了张天锡幕下。恰好这时张天锡的母亲死了，郭瑀趁着吊丧的机会又逃回了山里。这件事情说明，礼贤下士的人必须具备良好的品质和恰如其分的做事方式，不然即便有“虚左”之举，也很难得到贤人的拥护。

关于“虚右”的情况，《唐摭言》卷四有记载，说唐代的文人卢晖从小在外婆家长大，一心考进士却没考中。后来遇到叛乱，逃窜到南方，那时他的表兄郑续镇守在南海，两人十年前是同学，但相遇时身份差别就太大了。卢晖处境非常狼狈，生活上都靠郑续的照顾。当时正赶上安禄山叛乱，唐玄宗逃往四川，郑续就劝卢晖趁机在他那里做官求富贵，卢晖不答应，于是郑续“请宾佐诱激者数四，复虚右席以待晖”。卢晖回复说，我是读书人，宁可一辈子没做官就死了，也不能看见利益就改变政治立场，还是没答应。郑续听他这样说，并没有生气，反而更尊敬他了。后来卢晖又考了差不多十年，终于中了进士。

四　器用

我国在远古时期，就出现了型制不同的器皿，那时主要是为了满足日常使用的需要。随着社会的发展，礼仪制度逐渐成熟，古人在举行祭祀、宴饮、征伐、婚丧等活动时，都要按礼制大量陈设和使用器物。器物在质地上，有陶制、石制、玉制、木制、竹制、青铜等，还有比较奢侈的金银、珊瑚、玛瑙器等。按用途划分，有祭器、酒器、食器等。这些器物各有不同的名称，如鼎、鬲、甗、俎、登、椭、豆、笾、匕、簋、瓒、瑚琏、敦、簠、盨、爵、罍、盏、杯、缶、卣、盉、尊、壶等，在礼制上也颇多讲究。

伯公父簠（西周中期），河南省博物院藏

器物中最重要的是鼎，因为它是权力的象征。鼎由鼎耳、鼎身、鼎足三部分组成，大多是方形或者圆形的，三只脚或者四只脚。在秦代以前，鼎最为盛行，拥有鼎数的多少代表了统治阶层身份的高低，因为大禹治水后分天下为九个州，所以九鼎象征着最高的统治权力。《周礼》中就有这样的规定，天子列九鼎，诸侯列七鼎，卿上大夫列五鼎，元士列三鼎。这个规定本来是要严格遵守的，但是随着周天子势力的衰弱，势力强大的诸侯逐渐便有了越礼的念头，春秋五霸之一的楚庄王就曾如此。

《左传》记载，鲁宣公三年，楚庄王率领大军征伐西部的一个民族，在途经周天子辖区的边境时却按兵不动。周定王害怕他有什么不利的举动，急忙派大夫王孙满前去斡旋，希望楚军能够尽快离去。谁知楚庄王见到了王孙满，竟然傲慢地问起天子九鼎的大小和轻重，这就是成语“问鼎中原”的来源。楚庄王的意图已经很明显了，是想代替周王，称雄天下。对于这种无礼行为，王孙满严厉地斥责，他还说鼎不是能够用武力取得的，而是要用德行来争取。谁失德就会失天下，所谓“桀有昏德，鼎迁于商，载祀六百，商纣暴虐，鼎迁于周”，即夏的最后一任君主桀政治不清明，鼎被商汤迁走，商纣王暴虐，鼎又被周武王迁走，王孙满通过这番言论打击了楚庄王的嚣张气焰，而从他的话中可见，鼎就是权力的象征，所以一个新的王朝取代旧的王朝，就要把旧王朝的鼎迁到自己的国都。秦始皇统一六国后也有迁鼎的想法，据说周灭亡后，天子的九鼎沉在泗水里，所以秦始皇东巡路过彭城时，亲自斋戒祷告，还派了千余名勇士到泗水中去捞取，可惜没有找到。鼎是立国的重要标志，故“定鼎”就意味着新政权的建立。三国时，曹操、刘备、孙权分别建立了魏、蜀、吴政权，这样的局面就被历史学家称为“三足鼎立”。

鼎在祭祀时是常备的礼器，功能是用来盛肉和煮肉。因为鼎的容积比较大，所以日常生活和军旅中也经常用到它，诸侯招臣僚来宴饮也常用一个大鼎来盛肉和煮肉，然后分食。《左传》宣公四年记载了这样一个故事：楚国人献鼋给郑灵公，宋子公与子家恰好看见了。宋子公用食指暗示着和子家说，以后要是做了侯，一定要尝尝这类的珍羞美味。等他们进了殿堂，厨师正要分解这只鼋，于是两个人相互看了一眼，默契地笑了。郑灵公觉得蹊跷，就问为什么笑，子家把宋子公的话告诉了灵公。等到郑灵公把鼋分给众位大夫的时候，叫了宋子公，但没给他肉。宋子公大怒，自己在鼎中拿了一块尝尝，接着就走了。郑灵公也非常生气，要把宋子公杀掉。在这个故事中，郑灵公就是用鼎来煮鼋然后分给大臣的。

这种煮肉的鼎一般没有足，又称为镬鼎。晋代干宝的《搜神记》中有很多奇异故事，其中也有一则涉及到这种“镬”，那就是著名的眉间尺为父报仇的故事。眉间尺的父亲造了一雄一雌两把剑，雄剑名干将，雌剑名莫邪，他把雄剑留下埋了起来，并且告诉他怀孕的妻子说，我只把雌剑献给大王，他一定会杀掉我。等我们的儿子长大了，你把埋藏雄剑的地方告诉他，让他替我报仇。后来果如其言，王杀死了眉间尺的父亲。眉间尺长大了，挖出干将宝剑想为父报仇，但是王身边的侍卫太多，他没办法，就在山里大声嚎哭，引来了一位侠客。侠客说，把你的头和剑给我，我替你报仇，于是眉间尺就自杀了。这个侠客把眉间尺的头献给了王，王非常高兴，“以镬煮其头，七日七夜不烂”，就是用镬鼎煮眉间尺的头，七天七夜也没煮烂，而且眼睛圆睁，显出非常愤怒的样子。侠客说：“这个头煮不烂，您亲自看一下就好了。”

王果然中计，亲自到镬鼎边来看，侠客趁机砍了王的头，随后自刎，三个头在鼎镬中争相咬了一阵，就都煮烂了。王用镬来煮眉间尺的头，可见宫中的镬鼎平时就是用来煮肉的。

周代非贵族不能列鼎，所以普通百姓家举行各类活动时就没有鼎，自然也就吃不到用鼎煮的肉了，可想而知，成语“钟鸣鼎食”之家指的都是富贵人家。但是随着时代的发展，这种等级被打破了，只要是富人家，不见得做很大官，家中就可以有鼎，而且这时的鼎已不用来煮肉，而是厅堂内招待客人时的摆设，器形也有所改造。《金瓶梅词话》第七十四回写宋御史到西门庆家，见“堂庑宽广，院中幽深，书画文物，极一时之盛。又见挂着一幅三阳捧日横批古画，正面螺钿屏风，屏风前安着一座八仙捧寿的流金鼎，约数尺高，甚是做得奇巧。见炉内焚着沉檀香，烟从龟鹤鹿口中吐出，只顾近前观看，夸奖不已。向西门庆：‘这付炉鼎造得好。’”西门庆当时只是阳谷县的提刑官，但因为他是个暴发户，所以家中就可以设鼎，而且这鼎和香炉铸造在了一起，既厚重又精巧。

豆闭簋（西周中期），故宫博物院藏

下面再简单介绍一下祭祀时常用的其他器物。清代鄂尔泰、张廷玉等编纂的《国朝宫史》卷六载季春皇后祭祀蚕神时，“太常寺官具牲俎，辨簠簋、笾豆、登、铏之实，以次展于神厨”。这些祭器中，俎是放肉的几案，有四条腿。簠圈足，敞口方角方腹，用来盛粮食。簋是一种圆形或长方形的有两耳的器皿，周朝规定簋必须与鼎配套陈设和使用，天子九鼎配八簋，诸侯七鼎配六簋，卿上大夫五鼎配四簋，元士三鼎配二簋。到了清代，显然是变化了，在这里皇后祭祀的是蚕神，祭祀的级别比较小，所以并没有用鼎。笾和豆形状相同，又能配合使用，豆装潮湿有油的肉酱和咸菜，笾装没有油的干燥的果脯等，所以经常连在一起为一个词。豆的数量在周代也有规定，《礼记·礼器》记载：“天子之豆二十有六，诸公十有六，诸侯十有二，上大夫八，下大夫六。”不同身份的人用的豆的数量不一样，也就是说餐饮品的多寡不同，依次递减。《礼记·乡饮·酒义》又规定：“乡饮酒之礼，六十者坐，五十者立侍，以听政役，所以明尊长也。六十者三豆，七十者四豆，八十者五豆，九十者六豆，所以明养老也。”在专门款待老人，表示敬老的乡饮酒宴上，不同年龄的人也用不同数量的豆。登和铏都是盛羹用的，铏有两个耳，三只足，有盖。这些都是盛物的器皿，而古代用来舀东西的器物有匕，即大勺子；柶，类似于匕，是小勺子。

祭祀时常用的玉器有瓒，瓒是玉杓，就是以圭为柄的灌酒器。还有瑚琏。《论语·公冶长》记载了一则有趣的对话：“子贡问曰：‘赐也何如？’子曰：‘女，器也。’曰：‘何器也？’曰：‘瑚琏也。’”子贡问孔子他的才能怎么样，孔子说你配得上一种器物。子贡问什么器物呀？孔子说瑚琏。瑚琏是盛粮食的器皿，祭祀时经常陈列，孔子做这个比喻的意思是子贡有立朝执政的才能。瓒和琏都是玉雕成的，而且都陈列在庙堂之上，纯洁而尊贵，所以古人常用这二字来起名。如元代四大画家之一的倪瓒，为人就和名字非常匹配，他有洁癖，个性孤洁，不肯轻易给俗人和权贵作画。元末枭雄张士诚的弟弟张士信花重金请他作画，他不肯。有一次在湖上两船相遇，张士信看到倪瓒，就命人把他痛打一顿，但倪瓒仍然不肯屈服，决不下笔，被人誉为高士。但《红楼梦》中的贾琏就完全不是这么回事了，这个纨绔子弟过于俗气，只知道吃喝玩乐，对国事家事都不在意。一次王熙凤和他商量事，他说管他呢，我只管喝酒，而他的小妾平儿曾说他油锅里的钱也会弄出来花花，一点儿都不知道节俭，真是徒有虚“名”。

古代的盛酒器有爵、卮、尊、角、觯、觚、斝、觥等。爵，腹部又长又圆，前面有倒酒用的“流”，口扁长，后面有尾，右边有把手，底下有三个足，能温酒，也便于拿着饮酒，献酒和倒酒。《诗经·行苇》中说：“或献或酢，洗爵奠斝。”卮也是酒器，圆形，比较大。爵和卮是宫廷贵族各类宴饮仪式上最常用的酒器。《国朝宫史》卷七载皇太后生日和元旦等节日庆典在慈宁宫举行，“司爵女官自黄幕内奉壶、爵、金卮，以次进至殿中门阈外之左，西面立”。可见宫中典礼准备的酒器有壶、爵和金卮，而敬酒时“女官举壶实酒于爵，由中门入，西面跪，授进爵命妇，兴，退。进爵命妇奉爵兴，自中陛升，当右北面跪，恭进皇太后酒。兴，由右陛降复原处，跪，行一拜礼。皇太后进酒，皇后以下咸行一拜礼。进爵命妇兴，由右陛升，跪受虚爵，仍由中陛降复原处，跪。女官入，跪，接受虚爵，退。皇后以下先兴，女官乃以金卮酌酒，承懿旨赐进爵命妇，立授卮。进爵命妇恭受，行一拜礼。饮毕，女官立受卮，退”。从以上记载可知，在清代慈宁宫宴饮仪式上，朝廷命妇给皇太后敬酒时用爵，先有女官把壶里的酒倒入爵中，命妇跪着敬酒，然后退下，等太后喝完了，命妇再上来一次，跪着把爵拿走，再退下来交给女官。而女官奉皇太后的命令，赐酒给刚刚敬酒的命妇时，用的是金卮，而且是站着递给命妇，站着把空的金卮收回来，因为她代表的是太后的威仪。《国朝宫史》同卷载乾隆十四年清兵平定了金川，二十五年又平定了回部，凯旋礼举行完毕后，皇帝在丰泽园给功臣赐宴，用的也是壶、爵、金卮，同样，大臣用爵敬皇帝，而皇帝则用金卮敬大臣。

其他常用的酒器还有尊，敞口窄颈，腹部大底小，盛行于商代和西周时期，《周礼》中记载有“六尊”：牲尊、象尊、著尊、壶尊、大尊、山尊。唐宋以后最常用的是盏、杯、钟。如李白《月下独酌》中有句：“花间一壶酒，独酌无相亲。举杯邀明月，对影成三人。”李清照《声声慢》：“乍暖还寒时候，最难将息。三杯两盏淡酒，怎敌他，晚来风急。”《金瓶梅词话》和《红楼梦》中的饮酒场面多用钟和杯，而且称呼上相混。如《金瓶梅词话》第六十回写宴饮，西门庆家仆人玳安按吩咐“取了两个大银钟放在应二面前”。行酒时，“伯爵道：‘太平钟也该他吃一杯儿。’于是亲下席来，斟了一杯与傅自新吃”。西门庆掷骰子，恰好中四，“应伯爵看见，说道：‘哥今年上冬，管情高转加官，主有庆事。’于是斟了一大杯酒与西门庆”。《红楼梦》第八回写宝玉在梨香院吃鹅掌，薛姨妈命人取酒，受到宝玉奶妈李嬷嬷的阻拦，宝玉央求说：“妈妈，我只喝一钟。”第三十八回螃蟹宴，“凤姐笑道：‘鸳鸯小蹄子越发坏了，我替你当差，倒不领情，还抱怨我。还不快斟一钟酒来我喝呢。’鸳鸯笑着忙斟了一杯酒，送至凤姐唇边，凤姐一扬脖子吃了”。以上事例证明明清时富贵之家日常宴饮最常用杯和钟，而主人和高级仆人可以用同样的酒器。

缶即瓯、盆和盎，可以盛酒也可以盛水，在宴席上又可作乐器，击打助兴。《汉书 · 杨恽传》记载杨恽“酒后耳热，仰天击缶，而呼乌乌”。《史记》卷八十一载赵王和秦王在渑池相会，秦王酒酣，请赵王鼓瑟，秦国史官当场把这件事记录下来。蔺相如不甘受辱，对秦王说：赵王听说您擅长演奏秦地的音乐，“请奉盆缶秦王，以相娱乐”。秦王不肯，蔺相如便以死相逼，并吓退了卫士，最终秦王不得已击缶演奏，赵国史官也把这件事记了下来。古人在举行仪式和宴饮、待客时，必须先盥洗，除了缶即盆可用外，匜是专供洗手用的一种器皿，而盘最初是放在匜下接水的，以避免洗手的水溅起来弄脏衣服，不过逐渐地，盘变成了盛食物的器皿，在今天的各种礼仪场合，应用得最广泛不过了。

五 称谓

今天，户口和身份证管理制度的完备，使每个人的名字都固定了，而且生活和工作中，为了方便和高效起见，除了对长辈和上级一般不直呼其名外，你、我、他、您、你的某某、我的某某、他的某某、您的某某和个人的名字基本就解决了一切称谓问题。不过在注重礼仪、亲族繁多的古代，称谓可比现在复杂得多，也讲究得多。清人梁章钜因为“古人称谓，各有等差，不相假借”，自周公制礼，“世代愈积，称谓愈烦”，曾特意编写了《称谓录》一书。称谓可分为自称、敬称、谦称、美称、婉称等，不同情境下要使用不同的称谓，下面我们一一来举例说明。

当称呼对方及其亲属的时候，要用敬称，而称呼自己及自己的亲属时则要用谦称。如《红楼梦》第十五回写秦可卿出殡，北静王水溶来送殡，因此见到了贾宝玉。

> 水溶见他语言清楚，谈吐有致，一面又向贾政笑道："令郎真乃龙驹凤雏，非小王在世翁前唐突，将来'雏凤清于老凤声'，未可量也。"贾政忙陪笑道："犬子岂敢谬承金奖。赖藩郡余祯，果如是言，亦荫生辈之幸矣。"

对话中涉及"令郎"、"小王"、"世翁"、"犬子"这样几个称谓。

"小王"是北静王对自己的谦称。古人无论地位多高，都有谦称。如君王自称寡人、孤，意思是寡德、少德之人。不谷，意为不善之人。普通人自称愚，如《红楼梦》第一回甄士隐对贾雨村说："愚虽不才，'义利'二字却还认得。"还有愚下、下愚、敝、敝人、卑人、鄙、鄙人、不才、不肖、区区、小人等。老年人自称老朽、老拙，如《金瓶梅词话》第六十一回何老人来给李瓶儿看病，应伯爵问："你老人家高寿了？还这等健朗？"何老人回答："老拙今年痴长八十一岁。"女子自谦词有奴婢、奴家、贱妾等，如《太平广记》一百十七载唐人刘弘敬的女儿要到扬州去，买了四个丫环，其中有一个举止不俗，不像下等出身，刘弘敬便问她的身世，这女子回答说："贱妾死罪，无复敢言。"

贾政称儿子为"犬子"，这是对自己亲属的谦称。儿子又可谦称"小儿"，女儿则谦称"犬女"、"小女"。对于其他亲属则大多在称呼前加"舍"或"家"。家，用于比自己辈分高的亲属。舍，用于比自己辈分相同或辈分低的亲属，即"家大舍小"，如家祖父、家祖母、家父、家母、家严、家慈、家兄、家嫂、舍弟、舍妹、舍侄等。

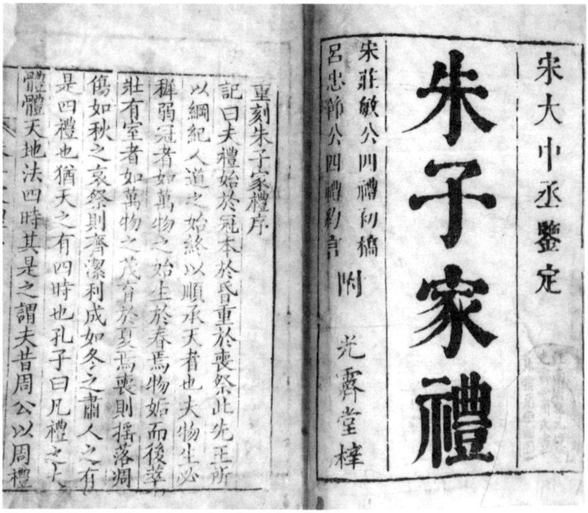

朱熹《朱子家礼》,元刻本

《红楼梦》第七回贾宝玉对秦钟说:“家父之意,亦欲暂送我去温习旧书,待明年业师上来,再各自在家里读。家祖母因说:一则家学里之子弟太多,生恐大家淘气,反不好;二则也因我病了几天,遂暂且耽搁着。”其中“家父”便指贾政,“家祖母”指祖母史太君。宋朝,有位叫李廷彦的诗人为了显示才华,曾作了一首百韵五言诗献给长官,其中有“舍弟江南没,家兄塞北亡”之句,“舍弟”与“家兄”就是对自家兄弟的称呼。长官读了感到凄恻,非常同情他,谁知他很不好意思地承认自己并没有兄弟,只是为了作诗对仗才这样写。这件事情一时传为笑话(胡仔《苕溪渔隐丛话》前集卷五十五)。“家”和“舍”有恭谦、平凡之意,用在长辈和兄弟姐妹身上比较合适,但古人认为兄弟如手足,妻子如衣服,就是说夫妻关系的伦理地位是不如兄弟之间的,所以对妻子的谦称明显要低贱。因为贫家妇女没有贵重首饰，用荆条当钗插在头上，妻子又称为内人，靠男子生活，所以对妻子的谦称有“贱荆”、“拙荆”、“贱内”、“贱累”等。如《红楼梦》第三回写贾雨村听说朝廷启用旧官，和林如海商议进京，林如海说：“天缘凑巧，因贱荆去世，都中家岳母念及小女无人依傍教育，前已遣了男女船只来接。”谦称其妻贾敏为“贱荆”。第十回张大夫给秦可卿看病，到了居室，“向贾蓉说道：‘这就是尊夫人了？’贾蓉道：‘正是。请先生坐下，让我把贱内的病说一说再看脉如何？’”《金瓶梅词话》第三回，潘金莲说自己二十五岁，西门庆说：“娘子倒与家下贱累同庚。”“家下贱累”即指西门庆正妻吴月娘。因为儿子谦称犬子，所以儿媳谦称为犬妇。如《红楼梦》第十四回秦可卿出殡，贾珍对来送殡的北静王说：“犬妇之丧，累蒙郡驾下临，荫生辈何以克当？”

“世翁”也是敬称。“世”代表祖上为世交。一般年长于自己父亲的称世伯，小于父亲的称世叔。因为贾政较北静王辈分高，年纪也比较大，所以北静王以世翁相称。如果是同辈，则称为世兄、世弟。如《红楼梦》第十七回至十八回，贾政和众清客游大观园，宝玉为山口处题名“曲径通幽处”，众清客急忙称赞：“是极！二世兄天分高，才情远，不似我们读腐了书的。”实际上贾宝玉当时才十几岁，要比众清客年轻，众人称之为“兄”，也表示尊敬和谦虚。古代读书人经常对比自己小的人称兄，自称弟。如《红楼梦》第一回，贾雨村寄宿庙中，卖字为生，结识了甄士隐，一天在甄士隐家做客，才说不几句话，仆人突然来禀告，说严老爷来了。“士隐慌的忙起身谢罪道：‘恕诳驾之罪，略坐，弟即来陪。’雨村忙起身亦让道：‘老先生请便。晚生乃常造之客，稍候何妨。’”甄士隐比贾雨村大很多岁，但此处就谦称为弟。“驾”，是对客人的敬称，“诳”有欺骗之意，邀来客人后，因故不能陪侍，故以“诳驾”为道歉语。而贾雨村称甄士隐为老先生，自己为晚生，也是用敬称和谦称的常例。

北静王在贾政面前称贾宝玉为“令郎”，令是善与美的意思，所以称呼前加一个令字，表示尊敬，郎为男子，“令郎”就是对对方儿子的敬称。与之相应，称对方的女儿则为“令爱”。如《金瓶梅词话》第六十七回写应伯爵生了儿子，向西门庆哭穷说没钱招待客人，西门庆给了五十两银子，应伯爵说太多了，西门庆说：“多的你收着。眼下你二令爱不大了，你可也替他做些鞋脚衣裳，到满月也好看。”应伯爵的二女儿十二岁，西门庆的意思就是多出来的钱让应伯爵给他二女儿做些衣服鞋子，给小儿子办满月礼时穿上，显得体面。“令”的应用其实很广泛，不论称呼对方亲属的尊卑长幼，都可以使用。如称对方的父亲为令尊，母亲为令堂，兄长为令兄，舅舅为令舅等。《红楼梦》第二十四回写贾芸家境不好，到舅舅卜世仁家铺子里去，想赊点儿冰片送给王熙凤，弄点儿活干干，谁知卜家夫妇给了他一番气受。后来他把这件事告诉醉金刚倪二，倪二听了大怒，说：“要不是令舅，我便骂不出好话来……”倪二是一个泼皮，和贾芸说话时正在生气，仍然称卜世仁为“令舅”，可见古人多么注重礼节。

除了“令”以外，称呼对方、对方亲友及询问与对方有关的姓氏、年龄、乡里时前面还可加上尊、贤、大、台、贵、宝等，构成尊称或美称。如尊翁、尊兄、尊宿、尊公、尊驾、尊意、尊见、尊号、贤弟、贤侄、贤郎、贤契、贤友、贤内助、大驾、台驾、贵处、贵客、贵宾、贵方、贵庚、贵姓、贵乡、宝眷等。交流间与之相对的，除了对自己和自己亲属的谦称外，自己的名字为贱名，号为贱号、拙号，自己的见解看法为愚见、愚意、鄙见、鄙意，称自己身体为微躯、贱躯，称自己居所为寒舍、敝斋、敝处、蜗居，称家塾为敝塾，朋友为敝友等。如《红楼梦》第一回，甄士隐中秋节又邀请贾雨村来家，对贾雨村说："今夜中秋，俗谓'团圆之节'，想尊兄旅寄僧房，不无寂寥之感，故特具小酌，邀兄到敝斋一饮，不知可纳芹意否？"第七回贾宝玉对秦钟说："如此说来，尊翁如今也为此事悬心。今日回去，何不禀明，就往我们敝塾中来。"《金瓶梅词话》第七十回，西门庆去拜访崔中书，崔中书"拱手问西门庆尊号。西门庆道：'贱号四泉。'因问：'老先生尊号？'崔中书道：'学生性最愚朴，名闲林下，贱名守愚，拙号逊斋。'"后来西门庆又遇到夏提刑，问道："堂尊高升美任，不还山东去了，宝眷几时搬取？""宝眷"即指家属。

有一定地位和职衔的人，为了表示尊敬，不直接称呼对方，要称呼他的职衔。如杜甫曾任检校工部员外郎，故人称杜工部。柳宗元曾任柳州司马，所以人称柳柳州。刘禹锡曾任随州司马，所以人称刘随州。如不称呼职位，则用其下属即左右、执事、侍者，或用陛下、足下、阁下、麾下等，是为婉称。梁章钜《称谓录》引《因话录》说"执事"就是指"左右"的人，尊卑都可以通称。"侍者"是士大夫和庶人用的。"陛下"是对皇帝的专称。陛为台阶，群臣与天子对话，不敢直接向天子说，唤在台阶下的人来转达，表示以卑达尊的意思，足下、阁下、麾下也同此意。关于"足下"这一称呼的来源，梁章钜《称谓录》引《异苑》还有这样一种说法：春秋时期晋文公在逃亡路上没有吃的，介之推割下了自己腿上的一块肉给晋文公吃。晋文公回国即位以后，介之推不肯邀功领赏，躲到了深山里。晋文公为了找到他，就派人放火烧山，想强迫他出来。谁知不幸的是，介之推没有出来，而是背着母亲烧死在了一棵树下。晋文公悲伤之余，命人砍了这棵树做了一双木屐。每当想起介之推的时候，就低头看看自己的鞋子，叹息说："悲哉足下！"后来就以足下来称呼君王，但称呼普通士大夫也可以用，如韩愈在给孟郊的信《与孟东野书》中说："与足下别久矣。"阁下、麾下可以用于普通官员或普通人。

古人在名之外，还有字和号。如李白字太白，号青莲居士。杜甫字子美，号少陵野老。白居易字乐天，号香山居士。一般长者对幼者、上级对下级呼名，幼对长、下对上称字或号。但有时为了表示尊敬和亲切，长对幼、上对下也称字号。《元史》卷一百八十七载名臣周伯琦受皇帝宠信，"帝尝呼其字伯温而不名"，这对臣子来说是极大的荣幸，因此写入正史。《红楼梦》第十六回载秦钟病危，贾宝玉来探视，秦钟字鲸卿，又是贾宝玉侄媳妇的弟弟，但贾宝玉却对秦钟叫道："鲸兄，宝玉来了。"古人有时以籍贯作敬称，如韩愈为昌黎人，后人敬称之为昌黎先生。有时称官方或门人朋友私赠的谥号，如欧阳修卒谥文忠，后人称他为欧阳文忠公，称范仲淹为范文正公，称陶渊明为靖节先生。朋友之间还可称呼排行，如杜甫有《寄李十二白》诗，李十二就是李白。

古人尊称已死的人为先，多用于去世的长辈，如先人、先祖、先父、先师，也有用于平辈的，如先兄、先姊等。已死的贤人称先贤、先哲。对死去的父母，称先考、先妣。如《红楼梦》第十三回，秦可卿死，薛蟠对贾珍说他家木殿里有一副好板："作了棺材，万年不坏。这还是当年先父带来，原系义忠亲王老千岁要的。"第一百四回，贾政道："旨意问的是云南私带神枪一案。本上奏明是原任太师贾化的家人，主上一时记着我们先祖的名字，便问起来。我忙着磕头奏明先祖的名字是代化，主上便笑了。”

六　举止

通常意义上的“举止”，主要包括三个方面：坐、立、走。

首先来说坐。在椅子普及以前，人们习惯在地上铺席子或兽皮，席地而坐。而上衣下裳的形制决定了在礼仪场合中，如果坐姿不好就会裸露腿部，大庭广众之下，确实不雅，所以人们在不断探索中形成了这样的姿势：双膝着地，臀放在脚后跟上，这种姿势又叫做跪坐。跪坐是最标准、最规范的坐姿，正式的场合都要这样坐，而且态度要端庄，不许半点儿含糊，就是要符合《礼记・曲礼》所说的“坐如尸”。古代“尸”的概念和我们今天理解的不一样，“尸”是代替死者接受祭祀礼的活人，最初古人祭祀祖先的时候，用活人来代替死者受祭，一般从死者孙子辈中选出。夏代的尸是站着受祭的，到了商周时期，尸受祭时采用坐姿，战国以后这种祭祀方式就逐渐消失，尸被牌位所取代了。因为是在祭祀仪式上，可以想象尸的坐姿该多么端正，表情多么严肃。

文征明《品茶图》，台北“故宫博物院”藏

坐姿除了跪坐，还有踞和蹲。两者非常相似，只不过蹲是竖膝而坐，而踞是伸足而坐。它们都是比较随便的坐姿，平常休息的时候，在平地上或较高的坐具上都可采用。如果两人是特别好的朋友，或上级不计较这些，在私下交往时坐姿也可以随便一点儿。如《世说新语》记载卫君长是温太真的长史，温太真非常喜欢他，经常带着酒肉到卫君长家去，两人整日饮酒，“箕踞相对”。但如果是在非常正式的会客场合，这种姿势马上要换掉，不然会被认为不礼貌，引起麻烦，即使是帝王也不例外。如《史记》卷八记载了这样一则历史故事：郦食其求见刘邦，刘邦正“踞床，使两女洗足”，郦食其没有下拜，而是作了个长揖，委婉地劝道：“您一定要诛灭无道的秦，就不应该踞坐着来见长者。”刘邦听了，急忙起来整理好衣服道歉，然后让郦食其上坐。《史记·田叔列传》还记载刘邦在征伐齐地的过程中路过赵，赵王张敖亲自端着食物来献，非常恭敬，但因为赵已臣服，所以刘邦非常傲慢，没有好脸色，“箕踞骂之”，引起赵国臣子的强烈不满，图谋造反。

在席上，如果不是跪坐，仅两膝着地，臀部不沾脚跟，腰板挺直，则为跽。如果想向人请教或向上级禀报，由跪坐转为跽也是一种礼节。如《史记》卷七十五记载冯驩乃游说秦王，秦王“跽而问之”：怎么才能使秦不被削弱呢？《魏书》卷一百八之三载：“南平王冯诞跽奏：‘请易服。’”有时跽也表示警惕。如《史记》卷七载鸿门宴上，项庄舞剑，想杀掉刘邦，被项伯拦住。在危急时刻，张良找来樊哙，樊哙带剑拥盾闯了进来，怒目而视，项羽非常紧张，“按剑而跽”，问是何人。一般情况下，如果会面已久，商谈的事也差不多了，这时变坐为跽，就有起身告辞的意思。

古人的席子经常分为两层，下层叫筵，上层叫席。因为要保持席子的干净，进入厅堂之前就要把鞋脱掉，而跪坐前要把袜子也脱掉，装在旁边预备好的箱柜内。《太平御览》卷三百七十载卫侯在籍圃建造了灵台，和众位大夫饮酒。“褚师声子袜而登席”，引起卫侯大怒。褚师道歉说：“我的脚有病，和别人不一样，我怕您见了恶心。”但是卫侯还是非常生气，褚师不得已走了，卫侯还愤愤地说：“必断其足。”另外，《礼记·曲礼上》说：“毋踖席，抠衣趋隅。”就是说不能用脚踏席子，应当提着衣服，走向席子的下角，从下角挪动到自己的位置。《礼记·曲礼上》还说：“虚坐尽后。”就是不吃饭的时候，坐要尽量靠后，表示谦虚。另外，要做到“敬无余席”，就是坐的时候要尽量靠近尊者，以便服侍和请教，以示亲近和尊敬。

唐代以后，座椅开始流行，人们就不再“席地而坐”了，和坐相关的礼仪也就主要体现在位次上。坐有一般方位上的要求，如古代宴席上有时以面朝东为尊，但因古代大家族中房屋的朝向不同，所以有时并不能完全照顾方位，而是分主次。如《红楼梦》第三回，写林黛玉刚进贾府，晚上在贾母房内吃饭，“贾母正面榻上独坐，两边四张空椅，熙凤忙拉了黛玉在左边第一张椅上坐了，黛玉十分退让。贾母笑道：‘你舅母你嫂子们不在这里吃饭。你是客，原应如此坐的。’黛玉方告了座，坐了。贾母命王夫人坐了。迎春姊妹三个告了座方上来。迎春便坐右手第一，探春左第二，惜春右第二”。可见长辈坐正位，以下按照身份和从长到幼的年龄次序，依次从左到右龙摆尾式落座。《红楼梦》第三回写林黛玉还到贾政住处，即东廊三间小正房内时，看到“正房炕上横设一张炕桌，桌上磊着书籍茶具，靠东壁面西设着半旧的青缎靠背引枕。王夫人却坐在西边下首，亦是半旧的青缎靠背坐褥。见黛玉来了，便往东让。黛玉心中料定这是贾政之位。因见挨炕一溜三张椅子上，也搭着半旧的弹墨椅袱，黛玉便向椅子上坐了”。可见，在屋内，男主人坐在东侧，女主人在西侧，而晚辈一般不坐炕上，炕下预备有椅子。

古代卑者或晚辈和尊者或长者在一起时，经常要站着。如《庄子 · 齐物论》载：“南郭子綦隐机而坐，仰天而嘘，荅焉似丧其耦。颜成子游立侍乎前。”《庄子 · 天运》中孔子拜访老子，子贡也向老子提问，老子辩驳了他的说法，“子贡蹴蹴然立不安”。可见老子和孔子坐谈时，作为学生的子贡是站着的。《红楼梦》第二十三回，写宝玉到父亲贾政那里，“赵姨娘打起帘子，宝玉躬身进去。只见贾政和王夫人对面坐在炕上说话，地下一溜椅子，迎春、探春、惜春、贾环四个人都坐在那里。一见他进来，惟有探春和惜春、贾环站了起来”。迎春比宝玉大，所以不用站，但探春、惜春、贾环都比宝玉小，所以见到宝玉时要站起来。那么站姿应该如何呢？《礼记 · 曲礼上》说：“立如齐。”齐是指古代祭祀时的站礼。祭祀时站立着，上身弯曲像磬折一样，以表尊敬。站得位置也有一定讲究，如《礼记 · 曲礼上》说：“立不中门”，就是卑者不能站在门中的短木的中央，也就是说要站在门的两旁。《红楼梦》第二十

身穿深衣的立俑（西汉），湖南省博物馆藏

三回，写宝玉来时，贾政住所的“金钏儿、彩云、彩霞、秀鸾、绣凤等众丫鬟都在屋檐底下站着呢”。可见她们都站在门旁。

对于女子，站立时手的姿势似乎没有什么特别要求，但男子的站姿通常是和手配合着的。如垂手立，《红楼梦》第三十三回，“宝玉唬了一跳，抬头一看，不是别人，却是他父亲，不觉的倒抽了一口气，只得垂手一旁站了”。在尊者面前，垂手站立是不能面对面的，必须侧过身去，再如《红楼梦》第八十四回，“只见一个小小厮往外飞走，看见贾政，连忙侧身垂手站住”。拱手立，就是双腿站直，两手抱拳稍拱，表示客气和敬意。《西湖游览志余》卷十七说杭人沈积中家藏进马图一幅，图中进马人“北向拱手立，容甚恭肃”，跟从的人“拱手立于其后，容亦恭肃”。叉手是两手交叉，叉手是比拱手礼更重的礼节，所以叉手立比拱手立更表示尊敬。《蜀中广记》卷八十五载慧觉禅师拜访台州的胜光和尚，正赶上胜光在床上坐禅，慧觉禅师径直走到了胜光的身边，“叉手立”。而尊者在卑者面前可以背手，如《红楼梦》第八十四回贾政和宝玉一同想作文的题目时，贾政就“背着手，也在门口作想”。《元明事类钞》卷七《抱案听读》中记有这样一件事：文襄想为一个人开脱死罪，没有想出什么办法，很是忧虑。后来让属下拿来卷宗放声阅读给自己听。读了几万字以后，忽然有一处让文襄有所感悟，高兴地说：“幸亏有这个，可以免死刑了。”文襄听读卷宗的时候，就是“背手立听”。

说起走路，人们自然会想起“安步当车”这个成语。的确，不慌不忙、舒缓惬意地行走，从从容容地生活，是多少人梦寐以求的期待啊。如果是一个人而不涉及他人的话，这当然是一种值得提倡的姿态，但是在古代社会交往中，这样行走却是一个错误。因为，按照礼节，在尊者、长辈或者客人面前，“趋”是符合礼仪规范的走法，安步当车则是一种忌讳。

那么“趋”是一种怎样的走法呢？《释名 · 释姿容》说，“疾行曰趋”。按照今天的解释就是快步走，但不是快跑，因为这里用的是“疾行”，而不是“疾走”。古代“行”指的是走，“走”是跑的意思。试想，在尊长或者宾朋面前，踱着方步，不紧不慢地走路，固然有点傲慢，不合礼节，但是慌忙地跑过来跑过去又显得有些局促不安，缺少了一种从容与风雅。漫步走不行，快跑又不行，于是一种折衷的方法“趋”——碎步快走，就这样产生了。

在上级或者身份地位比较高的人，特别是君主面前，要“趋”。公元前 266 年，赵国国君惠文王去世，他的儿子孝成王继承王位。因为成王年纪轻，国家大事暂时由太后处理。秦国一看机会来了，立即发动进攻，一举攻占了赵国的三座城池，赵国危在旦夕。太后迫于形势向齐国求援，齐王答应出兵，但是提出了一个条件，就是让赵太后的心肝宝贝长安君到齐国去作人质。这下太后可不情愿，大臣们为了江山社稷，都去劝说，但谁也劝说不了。太后盛怒之下甚至放出话来，谁要再提这件事情谁就掉脑袋！关键时刻老臣触龙出场了。姜还是老的辣，他的一番劝解终于说服了太后，齐国发兵，赵国转危为安。《战国策 · 赵策》记载触龙见太后是这样的情形：“入而徐趋，至而自谢，曰：‘老臣病足，不得见久矣，窃自恕。’”触龙小步快走，但不是太快，“徐趋”，所以到了太后面前便首先自责说，我岁数大了，脚有病，不能“趋”，只能“徐趋”，还请您谅解。《大唐新语》卷二也有一则关于“趋”的记载，唐玄宗天宝末，安禄山通过巴结杨国忠和杨贵妃得到玄宗的宠信，请以蕃将三十人代替汉将。唐玄宗命他把奏折交给中书令，当天就呈上来阅览。韦见素得知后，对杨国忠说：“安禄山有谋反之心，已经在天下人眼中，今天他又要用蕃将来代替汉将，谋反的势头更加明显了。”他担心玄宗批准安禄山的请求，急忙请入奏。玄宗说：“爱卿有怀疑安禄山的意思吗？”于是韦见素“趋下殿，涕泗且陈禄山反状”。

古代礼节很庄重，所以即使在敌方的君主面前，也应当“趋”。鲁成公十六年（公元前 575 年）六月，晋楚二国交锋，战场上晋国将领郄克三次遇见了楚王，每次都是郄克走下战车，卸下盔甲，像风一样快步走向楚王，行臣子的礼节。会见外国使臣的时候，为了表示礼貌和热情，负责接待的人一般要“趋”。如一次外事活动中，鲁国国君让孔子负责招待客人。孔子是“衣前后，襜如也。趋进，翼如也”，小步快走，衣服前后摆动，竟然像长了翅膀一般。既快又稳，姿态娴雅。

在长辈面前，一定要“趋”。孔子的儿子叫孔鲤，因为他出生的时候鲁国国君赠送了一条大鲤鱼，孔子深感荣幸，所以就给他起名为鲤。据《论语》记载，一次孔子站在庭中，孔鲤经过，便“趋而过庭”。孔子问他学《诗》了吗？他说没有呢，孔子说不学《诗》，就没法用言语和别人交往应酬。孔鲤听了，就去学《诗》。又有一天，孔子又站在这里，孔鲤于是再次“趋而过庭”，这次孔子问，学礼仪了吗？孔鲤回答没有。孔子说不学礼仪，就没有立身之本。孔鲤再次听从了父亲的教诲，开始学习礼仪。在老师面前，学生有问题要问，也要“趋进”。《史记》卷四十七载，孔子在卫国没有受到任用，将西行去游说赵简子，但是刚到了河岸，就听说窦鸣犊、舜华死了。于是对着河水叹息说：“真美呀，滔滔的河水，我得不到机会，真是命呀！”这时他的学生子贡听见了，就问他为什么这样说。原来孔子知道窦鸣犊和舜华是晋国的贤大夫，赵简子没有得志的时候，需要这两人的扶持，但是当赵简子的势力巩固了，就把这两个人杀了。既然这样，孔子觉得赵简子不可靠，自己的打算也就落空了。子贡在问话的时候，就采取了“趋而进”这样的动作，可见尽管孔子非常落魄，但他的弟子对他却没有怠慢。

对于弱势群体，尽管不是长者、尊者、宾客，“趋”也是表示尊敬的一种礼节。《论语 · 子罕》记载，孔子在大路上遇见穿丧服的人，即使对方年岁不大，也是碎步小跑，这证明孔子遵礼和谦逊达到了一定的高度。《论语 · 微子》中记载楚国有一位狂人，他看见孔子为了实现政治抱负奔走四方，就说丧气话：“凤兮！凤兮！何德之衰？往者不可谏，来者犹可追。已而！已而！今之从政者殆而！”意思是凤凰啊凤凰，为何社会道德如此浇离！过去的奔波没有结果就算了，今后日子长着呢。算了吧，别再四处奔波！他是劝说孔子放弃奔劳。虽然是一位狂士，但是孔子还是下了车，小步快走到那人面前，毕恭毕敬地站在一边。然而狂人才不理会这一套，只管自己一走了之。

古代女子也行趋礼。《洛阳搢绅旧闻记》卷二记载了这样一件事：后唐的太子少师李肃国守洛阳，有位权臣和他关系很好，想要一处樱桃园，但是李肃国秉公办事，没有答应，于是这位权臣就借机构陷他。李肃国的夫人张氏是齐王的女儿，有才艺，极为贤惠，听说丈夫被构陷下狱，“乘步辇直诣朝门，俟执权者出，趋拜于路侧”，拦住那位官员，一边哭泣一边倾诉，还援引了古今很多事迹作例证，声音严厉又哀怨凄苦，听者极为感动。那位权臣很惭愧，于是骑马回朝将这件事告诉了主上，把李肃国放了出来。张氏正是利用这隆重的“趋拜”礼加上哀怨的言辞，解救了自己的丈夫。

在礼仪场合中，也有一些例外的情形。古人规定三种情形可以不用碎步快走。一、“帷薄之外不趋”。因为隔着帘子，见不着面，也就无需行礼；二、“堂上不趋”。古代的房子，一般建在高出地面的台基上，然后经台阶升堂入室。堂上的地方比较小，不能趋；三、“执玉不趋”。因为玉是易碎品，走急了容易摔倒损毁，所以不能走快。另外，在朝廷上如果获得恩准，也可以“不趋”，这是皇帝赏赐的一种殊荣。比如汉朝的开国元勋萧何，功高盖世，汉高祖就给了他这个特权，可以“带剑履上殿，入朝不趋”（《史记・萧相国世家》）。蒯成侯周绁为高祖参乘，高祖特别允许他“入殿门不趋，杀人不死”。其他情况下，如果对于长者、上级不“趋”，往往会带来麻烦。如《后汉书》卷一百九载，东汉初期周堪到某地任县令，就任前要先拜见知府，当时“趋步迟缓”，就是说虽然也碎步快走了，但是节奏与速度不够，于是门亭长即知府守门官员斥责了为他赶车牵马的小吏，实际上就是在责备周堪，周堪受不了这种侮辱，交出印绶，不赴任就走了。怎么走本来是一件小事情，但不注意会影响一个人的政治前途。

不过，有时“不趋”也能成就好事。《庄子・说剑》载赵文王沉迷于斗剑，每年死伤的剑士不下百人，赵国国势因此逐渐衰落了。太子悝非常忧虑，但自己和大臣们又改变不了赵王的想法，于是就请庄子来帮忙解决此事。庄子为了引起赵王的兴趣，穿上了剑士的衣服，和太子一起来见赵王，但“入殿门不趋，见王不拜”，表现出非常强势的姿态，并说自己有天下无敌的剑。赵王听了非常高兴，命那些剑士相斗，六七十人比拼后决出五六位高手，但就在赵王让他们和庄子比试的时候，庄子说出了一番天子之剑、诸侯之剑和庶民之剑的言论，凭借滔滔不绝的智辩才能，最终说服了赵王，使他对自身的行为深刻反省，丧失了斗剑的兴趣，那些剑士因为赵王不再见他们而自杀了，赵国从此恢复了安定。有时“不趋”也能体现品质的高洁。《大唐新语》卷六载，神探狄仁杰小的时候就体现出非同一般的胆量和气质。有一次，看门的人被害，县吏来诘问此事，那些孩子都非常慌张，“咸趋对”，都小步快走向前去回答，只有狄仁杰一动不动地坐在那里读书。县吏不高兴了，斥责他。狄仁杰说：“书卷中有那么多的圣贤，我都答对不过来，哪有时间来应对你这样的俗人呢？你为什么要斥责我？”

七　礼节

古人见面的时候一般要施礼、还礼，按照礼节的姿势，可分为跪拜礼和站立礼两类。

跪拜是传统礼仪中礼数最高、最隆重、最严肃的礼节。它产生于先秦时期，距今已经有 3000 多年的历史。跪拜的出现与先民们的生活状态关系密切。顾炎武说：“古人席地而坐，引身而起则为长跪，首至手则为拜手，手至地则为拜，首至地则为稽首，此礼之渐也；必以稽首终，此礼之成也。”(《日知录 · 杂事 · 拜 · 稽首》)先秦时期，凳子之类的坐具还没有出现，人们在地上铺上席子，席地而坐。当时人们上身穿“衣”，下身穿“裳”，裤子还没有出现。在形制上裳与后世的裙子有些类似，只不过裳由前后两片组成，裙子则是前后缝合为一体的。通常是前片用帛三幅、后片用帛四幅缝合。上端有折裥，穿上系上腰带防止脱落。裳很宽大，忙乱之中人们常错当上衣来穿。《诗经 · 东方未明》有诗句“东方未明，颠倒衣裳。颠之倒之，自公召之”，写的就是齐国朝臣在仓皇之中，上下衣服穿颠倒的情形。裳的这种形制决定了规范的坐姿是双膝着地，臀放在后脚跟上。跪坐最大限度地避免了身体暴露，同时最大可能地减少了人体和地面的接触面积，既体现了文雅的风度，又降低了地面潮湿对身体的影响。在这样的情境中向对方表示敬意，当然不能像西方人那样握手、拥抱。有时人们的脚部在原地不动，引身而起，看上去身子似乎加长了，这种姿势称为长跪。长跪又叫跽，动作简单易行，是先秦的习见礼仪。在此基础上，随着礼数的加重，“因跪而益致其恭也，以头着地为拜”（朱熹《跪坐拜说》），人们又配上其他动作，比如低头行礼，双手随之有所表示，这就是跪拜礼。

《衣锦还乡》，臧懋循《元曲选》插图，清刻本

长跪和跪拜虽然是席地而坐的产物，但是作为礼仪动作定型之后，也就不再局限于席地而坐的场景。司马迁《史记·留侯世家》记载张良获得兵书的情形：“有一老父，衣褐，至（张）良所，直堕其履圯下，顾谓良曰：‘孺子，下取履。’良鄂然……下取履。父曰：‘履我。’良业为取履，因长跪履之。”从这段文字记载来看，黄石公和张良并不相识，二

人不是席地而坐，老人对张良使用的是命令式语气。张良到桥下捡起鞋子，然后行长跪礼。这显示出张良的良好教养和对陌生长者的尊重，黄石公觉得自己没有看错人，于是传授给张良盖世奇书，使张良具备了运筹帷幄的本领，辅佐刘邦建立伟业。汉魏乐府诗歌中有一首诗，写一名离异的女子在山下遇到了她的前夫："上山采蘼芜，下山逢故夫。长跪问故夫，新人复何如?"这位器量不凡的女子很挂念前夫再婚后的生活，问他的新娘怎么样，问话的时候对他行的就是长跪礼。

据《周礼 · 春官 · 大祝》记载，先秦时期的跪拜，按照头和手的位置、行礼次数分为九种，即稽首、顿首、空首、振动、吉拜、凶拜、奇拜、褒拜、肃拜，俗称"九拜"，它们分别适用于不同的场合。

稽首是九拜之中礼数最重的礼节。行礼时，屈膝跪地，拱手于地，左手放在右手上，头部慢慢地接触到手前面的地上。额部着地之后，停留一段时间。臣子拜见君王要行稽首礼。春秋时期，晋文公尊王攘夷，成为"春秋五霸"之首。《史记 · 晋世家第九》记载，公元前 632 年，城濮大会上，周天子封他为伯，"赐大辂，彤弓矢百，玈弓矢千，秬鬯一卣，珪瓒，虎贲三百人。晋侯三辞，然后稽首受之"。重耳对天子行的礼便是稽首。据《左传 · 哀公十七年》记载："公会齐侯，盟于蒙，孟武伯相。齐侯稽首，公拜。齐人怒。武伯曰：'非天子，寡君无所稽首。'"文中说鲁、齐会盟，齐侯行的是稽首礼，鲁哀公回礼却不是稽首，齐人大怒。但是稽首是臣子见天子的礼节，所以齐侯稽首虽然庄重却违背了礼制，而哀公的回礼才是符合规范的，齐人发怒是自讨没趣。不过，据顾炎武《日知录》考证，上古时期也有君王向臣下稽首的情况，如商王太甲向大臣伊尹稽首，成王向周公稽首。伊尹、周公匡佐王室，功高盖世，君王稽首表达了无上的敬意。作为传统社会里礼数最高的礼节，稽首后来也用于子女拜父母、祭拜天地神仙、宗庙的隆重场合。据《左传·僖公二十三年》记载，重耳逃亡中经过卫国，遭到卫文公冷遇。在五鹿向人乞食，那人却捧一捧土给他。“公子怒，欲鞭之。子犯曰：‘天赐也。’稽首，受而载之。”怒气冲天的重耳听说是上天要赐给他土地的意思后，立刻稽首表示答谢。

内蒙古阿鲁科尔沁旗宝山1号辽墓壁画

顿首在动作要领上和稽首相当，只不过是头接触地面的时间比较短，俯下身子，额头接触到地面就起来，俗称“叩头”或“叩首”。顿首是身份、地位相当的人之间的礼节，不过，也有地位高的人行这样的礼表示尊敬的。《左传·文公七年》记载，晋襄公死的时候，晋灵公姬夷皋还是个婴儿，晋襄公的夫人穆嬴为了把他立为嗣君，就向赵盾顿首哭诉，赵盾却不过情面，只好辅佐灵公即位。

空首是身份尊贵的人对待卑微的人的答拜。行礼时，先屈膝跪在地上，拱手于胸前，与心持平，然后两手至地，最后是头挨着手。因头不接触地，所以称“空首”，俗称“拜”、“拜手”。空首和顿首的区别是顿首的时候头要接触到地面，而空首是头部只接触了手而已。君王向臣下回礼时用空首礼。

肃拜。妇人在正式场合行肃拜礼。古代女子的头饰较多，头部的动作若太大，头饰会掉下来，所以行礼的时候就只是跪下而微微低头，拱手至地，这是礼数最轻的跪拜礼节。军队中因为军士身穿甲胄，不方便，所以也流行肃拜。妇人行肃拜礼也被称作“端肃”，后来书信中“肃启”、“谨肃”的套语，都和这个礼节有关。

九拜之中，稽首、顿首、空首、肃拜是四种基本礼仪，是正拜，它们代表的礼数由重到轻，其余五种是它们的“合成”动作。振动、凶拜、褒拜附稽首，吉拜附顿首，奇拜附空首。

振动是丧礼祭祀中对君王的拜礼。行礼时屈膝在地上，两只手相互叩击，然后叩拜。因“两手相击”为振动，所以拜礼俗称“振动”，又叫振董。

凶拜是三年丧服期间所行的拜礼，又叫丧拜。行礼时，先行顿首礼，再行空首礼。

吉拜是遭丧之际的拜礼，行礼时先行空首礼，缓行顿首礼，顺其极度悲哀的感情进行。比凶拜礼轻。

跪拜按照次数，又有奇拜、褒拜之分。奇拜是一拜的俗称；褒拜，是再拜、三拜的拜礼。《战国策 · 魏策》记载魏惠王赏公叔痤田百万禄元，公叔痤“再拜辞”。《战国策 · 秦策》记载秦昭王向范雎请教，“范雎再拜，秦王亦再拜”。《左传 · 定公十四年》记载伍子胥帅吴兵攻陷楚都，申包胥前往秦国求救，“秦哀公为之赋《无衣》。九顿首而坐。秦师乃出”。

伴随跪拜的手部动作叫做拱手，又叫捧手，也是一种礼仪动作。行礼时两手在胸前合抱，以示恭敬。《论语·微子》记载，子路和孔子走散了，向荷莜丈人打听孔子下落，老人家不客气地说：“四体不勤，五谷不分。孰为夫子？”说完后继续锄地，子路依然很礼貌地“拱而立”。老人后来邀请子路到他家里去，做好饭菜款待了子路。拱手时哪只手在上面也有一套规矩。传统的阴阳理论认为，左为阳，阳主生；右为阴，阴主杀，所以男女有别。男子跪拜尚左手，左手放右手上；女子跪拜尚右手，将右手放在左手上。九拜之中，稽首、顿首、空首、肃拜、振动、吉拜礼是左手放在右手上，凶拜礼是右手放在左手上，居丧期间右手放在左手上。《礼记·檀弓上》记载：“孔子与门人立，矩而尚右，二三子亦皆尚右。孔子曰：二三子之嗜学也，我则有姊之丧，故也。二三子皆尚左。”孔子因姐姐去世了，所以拜时右手在左手上，门人弟子不了解情况，依葫芦画瓢地模仿，孔子立即予以纠正。

到了汉代以后，凳椅先后问世，渐渐有高座，人们不再“席地而坐”，因而“跪坐”起了很大变化，但跪拜礼仍然存在，而且变成了等级差别的标志，广泛运用于官场之中。如臣子拜皇帝，小官拜大官，奴才拜主子等。有时都要行三叩九拜之礼。在民间，如祭祀、祝寿等风俗中，跪拜礼仍世代相传。一直到辛亥革命胜利，几千年君主制度的覆灭，才大体上结束了广泛的跪拜礼，但今天在拜神、拜祖时这种礼仪还很常见。

站立礼和跪拜礼的历史一样久远，也可以追溯到先秦时期，起先是拱手、作揖、鞠躬，后来出现了新形式，男子站立礼增加了唱喏等，女子用万福礼，男女老幼又都可以行叉手礼。

拱手礼。拱手有时候和跪拜结合，是很重的礼节，如果单纯站立拱手，一般只表示尊敬，礼节上比较轻。弟子对老师，子女对父母，下级对上级都适用这样的礼。如《礼记·曲礼上》载："遭先生于道，趋而进，正立拱手。先生与之言，则对。不与之言，则趋而退。"意思是说在路上遇见老师，要小步快走到老师面前，拱手站立。老师有话说，则回答老师的话，没话就小步快走退下。拱手是弟子对老师的尊敬，从这一记载又可见先秦时期人们已常用拱手礼。拱手礼在后世一直流行，如宋代人程公许为他去世的哥哥作《春秋分记序》，回忆了哥哥与父母的一段对话。序中说他的哥哥研习《春秋》，十分刻苦，有一天，父亲和母亲看见他读书时坐的蒲团都坏了，非常欣慰，但也很担心，让他珍惜身体。哥哥拱手回答说："学不可已，而修短不可期，苟得就此书，庶无负大人及吾母教诲。"哥哥的话是在勉励自己，但父母觉得很不吉祥，果然第二年他的哥哥就死了。从这个小故事可见拱手礼也适用于家庭生活。《西湖游览志余》卷五记载了宋代皇族和大臣之间交往时也用拱手礼。说宋宁宗病重，掌控了朝廷大权的史弥远假传圣旨，立宁宗的侄子赵贵诚即后来的宋理宗为太子，更名昀。他派亲信郑清之去告诉赵贵诚。赵贵诚听了，没有表态。郑清之说："您一言不发，我怎么复命呢？"赵贵诚"始拱手"，慢慢地说道："我的老母亲还在。"就这样委婉地表达了拒绝之意。拱手礼还适用于贵客到来前等待的场合，《金瓶梅词话》第六十五回，黄太尉到江南迎取卿云万态奇峰，恰好这时候过生日，东平府和清河县的官员觉得西门庆家气派，就在西门庆家设下酒宴。当天，一切布置好了，黄太尉也快到了，西门庆

"青衣冠冕，望尘拱伺"，"拱伺"，就是拱手等候，说明来者不是一般人。

费丹旭《姚燮忏绮图》，故宫博物院藏

如果拱手同时连续几次，就叫做打恭，或打躬。打恭在明清时期是宫廷内外都采用的礼节。朱彝尊《日下旧闻考》卷三十四说皇帝听大臣讲习的时候，每天太阳刚出来就到文华殿东房，房中供着羲、农、黄帝、尧、舜、禹、汤、文、武九小龛，左面是周公，右面是孔子，皇帝对着神像行完礼就去后殿，在殿后的川堂坐好，司礼监就打躬，承旨说："先生们来吧。"负责讲习的官员才鱼贯而入。《世宗宪皇帝朱批谕旨》卷一百二十六之二十四载，山东布政司印务按察使唐绥祖向雍正皇帝所上的一道奏折中说，赈灾官员王某刚愎自用，俨然以钦差自命，出示晓谕，"知府打恭，竟不下轿"。可见清代地方官也向上级行打恭之礼。打恭也可用于同辈之间,《红楼梦》第二十六回讲薛蟠要庆祝生日,请宝玉来行乐,就让下人撒谎说贾政叫他,好让宝玉快点儿出来。宝玉吓了一跳,匆忙跑出来,薛蟠大笑,“连忙打恭作揖赔不是”。

作揖和打恭非常相似,两者都是要拱手,但作揖的种类更多,包括时揖、天揖、土揖、特揖、旅揖、三揖、还揖、长揖等。前三个都是君王祭祀时所行的礼节,《周礼注疏》卷三十八载:“诏王仪南乡见诸侯,土揖庶姓,时揖异姓,天揖同姓。”说明土揖是君王向没有亲属关系的人所行的拱手礼,时揖是君王向不同姓的姻亲所行的拱手礼,天揖是君王对同姓的亲族所行拱手礼。土揖行礼时要俯身,手微微地向下推。时揖行礼时先俯身,手从胸前平推并致前。天揖也是俯身,但手在胸前微微地上举。它们三者的区别就在手的推向上。

特揖、旅揖、三揖、还揖是君王临朝时的礼节。《周礼注疏》卷三十一:“王出,揖公卿大夫以下朝者,孤、卿,特揖;大夫以其等,旅揖;士旁三揖;王还揖门左,揖门右。”可知古代帝王临朝时也向臣子施礼。特揖是对每个人单独行一次揖礼。旅揖是对爵位相同的众位士大夫共同作一揖。古时士分为上、中、下三等,各一揖,所以是三揖。最后是还揖,“还”是回转的意思,回身微向后,一左一右揖之,行礼的对象是卫士,因为他们站在左右两旁。

揖在《周礼》中有这么多记述,可见作揖的起源也很早。作揖是当时与跪拜同样普遍的礼节。如《论语》卷四说,陈司败问孔子,鲁昭公懂得礼仪吗?孔子说懂。孔子走了,陈司败对孔子的弟子巫马期作了个揖,向前进了几步,问他鲁昭公娶同姓女子,是知礼的人吗?“司败”是官名,可见春秋时期如有问题请教，不论上对下，还是下对上都要先作揖。《庄子·田子方》中记载了这样一个故事：宋元君要画图，那些画史都来了，接受宋元君的揖拜后，都站在那里，舔舐笔，研墨准备画画，排在门外的人有一半。最后来了一位，不往前挤，接受了宋元君的揖礼却不站在这，回到自己住所去了。宋元君很奇怪，命人去探视，看见那人正脱了衣服躺着。宋元君醒悟了，说："那才是真画画的人。"《战国策》卷五记载蔡泽被赵国驱逐出境，这时候应侯在秦国为相，蔡泽要见秦昭王，就放出大话说："燕人蔡泽是天下的雄辩之士，秦王一见到他，就会任命他为相而取代应侯的位置。"应侯听说了这件事，就命人叫蔡泽来，尽管事先说了大话，应侯很不高兴，蔡泽见面时还是按照礼节，"入，则揖应侯"。明清时期，除非地位差别太大，或特殊情境，一般人见面，作揖比较多，而跪拜少用。如《金瓶梅词话》第三十一回，西门庆生子，办满月酒，"适有吴大舅、二舅到，作了揖，同坐下"。第三十四回西门庆在自家书房内"见伯爵二人，作揖坐下"。帅府周老爷家仆人来送帖，"骑了一匹马，走到大门首，跳下马来，向守门的平安作揖问道：'这里是问刑的西门老爹家？'"

长揖是作揖的一种，相对比较庄重。行礼时要站立俯身，两手在胸前合抱，从上面移到最下面，比一般的揖礼动作要大，时间要长。《晋书》卷三十三载晋武帝司马懿为晋王，王祥和荀顗去拜见他。荀顗对王祥说："晋王这么尊贵，今天当行拜礼。"王祥不同意，说："晋王是尊贵，但我们是魏国的三公，官阶上相差一等，在班例上则差不多，哪有天子的三司给他行礼的说法呢？这样做有损魏国的威望，也使晋王的德行受到损害。我不这样做。"于是，到了晋王府，荀顗行拜礼，而"祥独长揖"，因此得到了司马懿的敬重。由此可见长揖是要分级别和事务轻重的,《金瓶梅词话》第六十五回所载也可证明这一点,黄太尉过生日,有很多官员来拜贺,黄太尉依次还礼,到知府一级的时候,太尉就是“答以长揖”,而知府以下级别的官员来施礼,太尉仅“端坐”,不还礼了。

一般作揖时是不做声的,如果作揖时口中发出“喏”的声音,这种礼节就被称为唱喏。唱喏最初可能是从宋朝开始的。《五礼通考》卷二百二十六载契丹国使入聘见辞仪,是宋真宗大中祥符九月有司制定的。其中使臣拜见皇帝过程中,“分物,应喏,跪授,起。喝两拜,随拜万岁。喝各祇候唱喏,分班引出,次行门殿,直入起居,讫殿上,侍立。文明殿枢密直学士,三司使,内客省使下殿,舍人合班奏报:合门无事。唱喏讫,卷班西出”。从中可见唱喏已列入朝廷礼仪。《五礼通考》卷二百四十还记载乾道、咸淳年间皇帝临幸教场的场景,其中也涉及唱喏礼仪:“上自祥曦殿戎服乘马,太子、亲王、宰执、近臣并戎服乘马以从……入教场,升幄殿,殿帅执挝躬身奏。诸司人马排立,齐举黄旗,招诸军向御殿。梆子一鼓唱喏,一鼓呼万岁,再一鼓又呼万岁,迭鼓呼万万岁。又一鼓唱喏,殿帅奏取圣旨。”

北宋司马光《书仪》卷四说:“凡子始生,若为之求乳母,必择良家妇人稍温谨者。子能食,饲之教以右手。子能言,教之自名及唱喏、万福。”意思是生了孩子请乳母的时候,要挑选温厚懂礼仪的妇女,当孩子能吃饭的时候,教他用右手拿餐具。孩子会说话了,教他自己的名字和唱喏、万福这样的礼节。可知北宋时唱喏和万福已经列入幼儿教育范围了,而唱喏是男子所行之礼,万福是女子所行礼。如《金瓶梅词话》第九回,武松见了王婆,“唱了个喏，问道：‘我哥哥往那里去了？’”第三十三回应伯爵“见银子出来，心中欢喜，与西门庆唱了喏，说到：‘昨日打搅哥，到家晚了，今日再爬不起来。’”又如第二回潘金莲拿叉竿子放帘子，一阵风来将叉竿吹倒，打在西门庆头上。潘金莲急忙道歉，“叉手望他深深拜了一拜”，西门庆“把腰曲着还喏”，这时王婆又出来搭话，潘金莲再次道歉，西门庆又“大大的唱个喏”。潘金莲所行叉手礼，是两手交叉在胸部，然后下移。叉手也比普通的作揖要严肃，因为是向西门庆道歉，所以不是简单的行礼。实际宋元明清时期的妇女常行礼为万福礼，上身微倾，双腿微曲，两手合拢在右侧的腰部按下，口中常说“万福”，所以通常称拜万福、万福拜或福拜，拜几次就说几福。女子口称“万福”当也是从朝廷礼仪上来，《宋史》卷一百十二载在圣节、视学等仪式上，百官要口称“圣躬万福”，然后对皇帝行拜礼。《明史》卷五十三载洪武三年定制，每逢初一、十五，皇帝就戴着皮弁到奉天殿，百官也是鞠躬，称“圣躬万福”，归位后再拜，然后分班对立。《金瓶梅词话》中有很多妇女行万福礼的描述，如第一回武松给潘金莲买了一匹彩色缎子，潘金莲满脸堆笑接了，“道个万福”。第三回西门庆在王婆家见到潘金莲，“连忙向前屈身道唱喏。那妇人随即放下生活，还了万福”。第七回媒婆薛嫂找西门庆。“两人走在僻静处说话。薛嫂道了万福，西门庆问他有甚说话。”同一回西门庆和孟玉楼相亲，孟玉楼出来，“望上不端不正道了个万福，就在对面椅上坐下”。孟玉楼前夫家的姑母出来，众人“都齐声唱喏。姑娘（即姑母）还了万福，陪众人坐下”。可见万福礼对任何年龄的女子都适用。

古代男子的站立礼还有鞠躬，《周礼述注》卷十五又说，“肃拜但屈膝鞠躬以为礼”。可知鞠躬和肃拜类似，只是肃拜要下跪，而鞠躬是属于上半身的动作。现代的鞠躬就是弯身行礼，两手贴在腿部的两侧，而鞠躬礼最初不是这样的。《周礼订义》卷三十载："臣之见君，鞠躬屏气，而乃手执羔雁为礼，容乎至尊之前。"因为拜见君王时手里拿着东西，所以手部无法有动作，只能腰部前倾，这就是最开始的鞠躬样式。如果手里没有拿东西，应该跪拜或作揖。但到了后来，出现了手里不拿东西，仅腰部前倾的鞠躬礼。如《宋史》卷一百十七载入阁仪，“文武班就位揖讫，鞠躬”。《宋史》卷一百十九载："传国主问圣体，通事传译舍人当御前鞠躬，传奏讫，揖起。"不过宋代的鞠躬更像一种站立方式，到了明清时期，出现了与现代相同的鞠躬礼。清人孙承泽《春明梦余录》卷七载明太祖洪武间制定的礼仪中有“赞搢笏，鞠躬三，舞蹈”，可见当时的鞠躬不是恭敬地弯腰站立，因为已经有了行礼次数。但明清时文学作品中的鞠躬礼不多见，鞠躬礼应是晚清和民国，人们反对跪拜礼的呼声越来越高时流行开来的，到今天成了各种仪式上最常见的礼节。

第二章 人生礼仪

生老病死是人类的自然规律，乐生恶死也是人的本性所在。在古代社会，医术没有现在这么发达，人的一生相对要经历更多的挫折，大概是这个原因，我们今天只重生死的礼仪，而古人的人生礼仪则丰富得多。

一 育诞

添丁进口历来是大喜事，“不孝有三，无后为大”，谁都盼着多生儿子，同时也要儿女双全，因此从新婚夫妇开始，从宫廷到民间，都有祈祷生子的礼俗。《礼记·月令》中记有君王率领后妃挂上弓矢以求子的礼仪。而从汉代开始，婚礼上就流行撒谷豆和果子的仪式。宋代高承《事物纪原》中讲，李夫人刚入宫的时候，和汉武帝一起坐在帐子中，武帝就命宫人撒五色同心

《麟吐玉书》，张楷修、邵以仁增修《圣迹全图》，清刊本

果，两人用衣襟接着，意在多生孩子。《红楼梦》第九十七回，贾宝玉和薛宝钗完婚，“请出贾母受了四拜，后请贾政夫妇登堂，行礼毕，送入洞房。还有坐床撒帐等事”。“坐床撒帐”，就是和李夫人、汉武帝坐床接果子相同的祈子礼仪。

古代一般妇女生产时是在一个草编的褥子上，所以生孩子又叫坐草、在草、就草、临蓐等。《礼记注疏》卷二十八载妇女怀孕，月份到了，要先到侧室中去住，这个侧室指的是夹室，日常休息的屋子，安静而且不透风。丈夫按规矩不能进去，只能让别人去问问情况。如果要自己问，妻子不能见他，只能让伺候的老妈子去回答。如果生下男孩，就在门左挂一个弓，因为射箭打猎是男性的活动，象征着阳刚之气。如果生的是女孩，就把佩巾挂在门右，佩巾是女性的装饰物，以此作为女孩的象征。但实际生活中也不完全遵守这一礼节，有时直接告诉是男孩女孩就行了，而孩子的父亲在孩子生下后要烧香礼拜祈祷。如《金瓶梅词话》第三十回李瓶儿分娩，“良久，只听房里呱的一声，养下来了。蔡老娘道：‘对当家的老爹说，讨喜钱，分娩了一位哥儿。’吴月娘报与西门庆。西门庆慌的连忙洗手，天地祖先位下满炉降香，告许一百二十分清醮，要祈子母平安，临盆有庆，坐草无虞。”孩子的胞衣要放在瓶子或袋子里，然后找个地方埋起来，这样做据说能免受鬼怪的侵害。产妇休息一会儿后，家人要煮鸡蛋，做一些有营养的东西给她吃，补充气血。蔡老娘为李瓶儿接产后，就“埋毕胞衣，熬了些定心汤，打发李瓶儿吃了”。接产婆又称稳婆，接产后家人要送稳婆礼物表示感谢，西门庆就送了蔡老娘“五两一锭银子，许洗三朝来，还与他一匹段子”。孩子出生第二天，要四处送礼物，告诉亲朋好友，亲友也要来祝贺。《金瓶梅词话》第三十回李瓶儿生产后，西门庆"次日巴天不明，早起来拿十副方盒，使小厮各亲戚邻友处，分投送喜面。应伯爵、谢希大听说西门庆生了子，送喜面来，慌的两步做一步，走来贺喜。西门庆留他卷棚内吃面"。

妇女生产前后娘家和亲友要遵从一些礼俗。宋代孟元老《东京梦华录》卷五《育子》记载："凡孕妇入月，于初一日父母家以银盆或镂或彩画盆盛粟秆一束，上以锦绣或生色帕复盖之，上插花朵及通草帖罗，五男二女花样，用盘合装，送馒头，谓之分痛。并作眠羊、卧鹿羊、生果实，取其眠卧之义。并牙儿衣物、书籍等，谓之催生。就蓐分娩讫，人争送粟米、炭醋之类。"说宋代的时候，生前产妇娘家要送盆和插着花草、男女童子花样的花束，还有馒头，代表分担产妇临产之痛的意思。此外还有小孩子的衣服，包裹孩子的东西，意在催生。分娩后人们要送柴米等物。

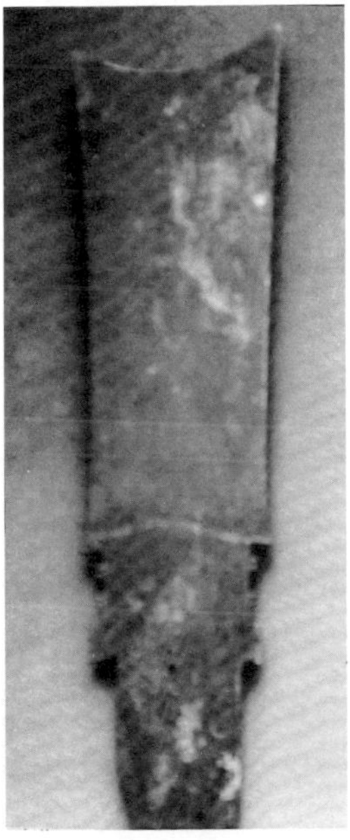
夏代涂朱石璋，河南省洛阳博物馆藏

据《诗经》记载，先秦时期，生下男孩，就给他玉石玩，女孩给瓦（纺锤），所以生男孩叫弄璋之喜，生女孩叫作弄瓦之喜，这种形式的不同由来已久。孩子生下来三天，多余的脐带脱掉，肚脐基本长好了，因此第三天是很重要的日子。汉代刘向《说苑》卷十九说："古者儿生三日，桑弧蓬矢，六射天地四方。"说汉代以前生下儿子三天的时候，要向天地四方各射一箭，共六箭，意思是男儿将来要闯荡四方。宋代刘清之《戒子通录》卷八有班昭的话，说汉代生下女孩三天要让她躺在床下，还弄来纺锤，把女孩放在床下是告诉她在社会上处于从属的地位，纺锤即“瓦”，告诫她要养成勤劳的习惯。但到了唐以后，射箭和弄瓦的仪式没有了，婴儿生下三天由接生婆给洗澡，亲友送礼祝贺，名“洗三朝”。婴儿洗三首先是出于健康的需要，孩子出生后从母体内带出来的羊水在皮肤和头发上晾干后，有些发粘，洗一下干净舒适。唐孙思邈《备急千金要方》卷九记载了一副洗儿水的良方：“儿生三日，宜用桃根汤浴。桃根、李根、梅根各二两……以水三斗煮，二十沸，去滓浴儿，良去不祥，令儿终身无疮疥。”同时生子三日，母子状况也趋于平稳，所以洗三也是为了庆贺。洗三最开始在唐代兴起，《新唐书》卷一百九十一载永穆公主生子三日，作为外祖父的皇帝“赐绯衣银鱼”。宋洪迈《容斋随笔》四笔卷六载韩偓《金銮密记》说天复二年，皇女生三日，唐昭宗“赐洗儿果子、金银钱、银叶坐子、金银铤子”。明清时期，洗三礼非常普遍，《金瓶梅词话》第三十回写西门庆在家为儿子“洗三毕”，“送礼庆贺，人来人去，一日不断头”。

孩子出生后要命名，《礼记集说》卷五云：“名子，父之责也；命之名，所以示之教也。”“子生三月，而父名之。”理论上孩子生了三个月才由父亲起名，因为古代婴儿的夭折率比较高，三个月时孩子的身体状况比较稳定了。《礼记注疏》卷二十八载婴儿三个月大时要剪发，然后由母亲抱着来见父亲，“夫入门，升自阼阶，立于阼西乡。妻抱子出自房，当楣立，东面。”交给保姆，然后父亲握着孩子的右手，来给他命名。命名后，再由母亲把孩子抱回去，管家把他名字告诉各位亲友，上报州府。由此看来原则上婴儿的名字要在他三个月大的时候由父亲来起，而且要有很严肃的仪式过程，不过后来这些仪式都简省了，孩了不足三月和由祖父或其他亲友命名的有很多，甚至知道孩子出生或洗三时就直接命名。《金瓶梅词话》第三十回李瓶儿生子第二日，朝廷下旨命西门庆为副千户，西门庆满心欢喜，对吴月娘说："李大姐养的这孩儿甚是脚硬，到三日洗了三，就起名叫官哥儿罢。"《旧唐书》卷一百六十五载，柳公绰出生三日，他的伯父来看，对他父亲说："要好好养着，这孩子有福气，我们兄弟都比不上，振兴我们家门的，就是这孩子。"于是给孩子起名"公绰，字子华"。可见柳公绰的名字就不是父亲给起的，而且洗三时就有了名和字。

婴儿出生一月，也是一个重要的日子，这天也要设宴招待，亲朋好友来送贺礼，称为"做满月"。清人黄小配的小说《廿载繁华梦》中写到周庸祐家有财有势，儿了满月，管家骆子棠对马太太说："现在预备各事，姜子买了五百斤，鸡卵子三千个，还恐不足用，已赶紧着人添买了。至于酒席，早定下了，男客四十席，堂客五十席。另有香港及乡里来贺的，或不来省赴宴，须别时另自请他。"到了满月那天，"各事都铺摆得装潢，单是关煞上新小儿忌闻音乐，故未有唱戏，仍是车马填门，衣冠满座，把一间大大的参赞府，弄得拥挤极了。"可见在富贵人家，满月酒是非常隆重的，但因为新生儿怕吵，所以只有酒宴而没有乐队。

因为孩子已经满月，身体稍壮，所以这时可以抱孩子出来见客人，在庭院或街巷中走走，用意是让小孩见见世面。《金瓶梅词话》第三十一回就有这样的记载，官哥满月，"左右方桌儿摆饭，吃毕，应伯爵因问：'哥儿满月，抱出来不曾？'西门庆道：'也是因众堂客要看，房下说且休教孩儿出来，恐风试着他。他奶子说不妨事，教奶子用被裹出来，他大妈屋里走一遭，应了个日子儿，就进屋去了。'"这里所说官哥儿满月，因为怕不禁风，所以并没有走太远，只是让奶妈用被子包着在西门庆正妻吴月娘的屋子里走了一趟，简单应付了满月的习俗就算了。在抱出来以前，要先给孩子洗澡剃头，穿戴一新。因为孩子刚出生时体质弱，所以三天时洗澡时间较短，而到了满月，洗澡时间就可以稍长一点儿了。据《东京梦华录》卷五载满月时的洗儿会非常热闹。"亲宾盛集，煎香汤于盆中，下菓子、彩钱、葱、蒜等，用数丈彩绕之，名曰围盆。以钗子搅水，谓之搅盆。观者各撒钱于水中，谓之添盆。盆中枣子直立者，妇人争取食之，以为生男之征。"洗完澡，"落胎发，遍谢坐客。抱牙儿入他人房，谓之移窠"，正与《金瓶梅词话》所描写抱孩子到吴月娘房中走一趟正好吻合，可见宋代和明代的满月礼俗差不多。

满月这天客人所送的礼物包括长命锁、寿面等，都有富贵吉祥、长命百岁的寓意。如《金瓶梅词话》第三十一回薛太监差人先送来的礼物中就有一盘寿桃、一盘寿面，后来登门时又带"闪红官段一匹，福寿康宁镀金银钱四个，追金沥粉彩画寿星博郎鼓儿一个，银八宝贰两"。应伯爵和谢希大看见官哥儿，都夸奖不已，"每人袖中掏出一方锦段兜肚，上着一个小银坠儿。"应伯爵还赠"一柳五色线，上穿着十数文长命钱"。官哥儿满月，一连摆了三天酒，因为西门庆所交的高官太多，所以满月酒上用了声乐。

幼儿百日也是值得庆贺的日子。《东京梦华录》卷五载："生子百日置会，谓之百晬。"也就是说百日这天也要宴客。《文献通考》卷二百七十七载："蔡元道《祖宗官制旧典》称，皇子生百晬，命名，初除美军额节度使。"宋卫泾《后乐集》卷十九有一篇《皇子百晬净发文》，可知宫廷中皇子满百日，要命名，洗澡，剃发，并赐给官职。

幼儿满周岁这天，有"抓周"的礼俗，"抓周"又名"试儿"、"试晬"、"晬盘"，这天要为孩子洗澡，穿上新衣服后再让他抓东西。男孩面前的晬盘内放置的物品有弓箭、算盘、纸笔、食品、珍宝、玩具等，女孩要添加刀尺、针线，让他随便来抓。据说就幼儿最先抓的东西就可以知道他的兴趣爱好，从而预测他的未来。宋楼钥《攻媿集》卷十一有诗《阿虞试晬戏作》，写自己儿子抓周的趣事："阿虞匍匐晬盘中，事事都拏要学翁。最是传家清白处，不将双手向顽铜。"自己儿子阿虞趴在晬盘之中，什么东西都拿，像自己小时候一样，而且最值得称道的是阿虞对铜钱不感兴趣，继承了清白的家风，诗中流露着做父亲的兴奋和对儿子的自豪感。抓周也有碰巧与命运相合的，如《红楼梦》第二回冷子兴说宝玉周岁时，"政老爹便要试他将来的志向，便将那世上所有之物摆了无数，与他抓取。谁知他一概不取，伸手只把些脂粉钗环抓来。政老爹便大怒了，说：'将来酒色之徒耳！'因此便大不喜悦。"果然，贾宝玉不愿学习仕途经济之事，只喜欢和女孩儿们在一起。《宝庆四明志》卷九记载有位名僧师瑞姓谢，九江人，周岁的时候"独拈《金刚经》"，亲人们都感觉到奇怪，等到他十岁的时候，果然不愿受世俗的束缚，出家了。不过这些都是凑巧，孩子长大成为什么样的人，主要依赖后天的教育。

二 成年

冠礼是从远古氏族社会的成丁礼演化来的，那时的男子举行成丁礼之后，就要参加生产、狩猎、战争等活动。随着社会的发展，人们不再以狩猎为生，社会也长期处于和平，这时男子举行冠礼目的是宣告成年，从此可以参加祭祀，可以结婚了。

孔元措《孔氏祖庭广记》插图，元刻本

男子是社会的主宰，在不同年龄要接受不同层次的教育。《礼记 · 内则》说，孩子六岁的时候，教他数数和辨识东西南北。八岁的时候，教他礼让，让他知道廉耻。九岁时，教他如何计算年份和月份日期。十岁开始拜师游学，主要学习文字、礼仪和言辞。十三岁学音乐，文舞，诵《诗经》。十五岁之后为成童，学武舞、射箭和驾车。到了二十岁，具备了生理和文化素质，就可以独立了，这时就可以行冠礼，从此要承担成人的一切社会责任。但从实际情况来看，行冠礼的年龄并不完全是在二十岁，《仪礼要义》卷一有《士大夫诸侯天子加冠之年不同》篇，说："大夫冠，不以二十始冠也。若诸侯，则十二而冠，天子亦与诸侯同，十二冠。"可见不同阶层的人行冠礼的年龄不一致。不过从史书记载看，同一阶层的人行冠礼的年龄也有些不一致，如文王十三岁生伯邑考，则十二岁行冠礼，而秦始皇嬴政二十二岁才行冠礼，开始亲政。只能说整体上以二十岁居多，所以"弱冠"一词特指男子二十岁，为成年之义。

在南北朝以前，人们非常看重冠礼，所以举行日期也很讲究，不能随便定，而要通过占卜来选吉日，季节和月份则不限。因为冠礼很隆重，程序繁琐，又要请很多长辈，举行一次很不易，所以一般是很多同族青年男子聚在一起举行。冠礼的地点在家庙，以祖先的名义行礼，表示重视。占卜日期确定下来了，将要加冠的男子的父亲要提前三天通知亲朋好友，请他们届时来参观捧场，称为"戒宾"。而且，至少要提前一天，通过占卜的方法在宾客中选一位正宾，担任加冠的任务，还有一位"赞者"，就是协助正宾加冠的人。《南齐书》卷九曾记载："中朝以来，太子冠则皇帝临轩，司徒加冠，光禄赞冠。诸王，则郎中加冠，中尉赞冠。"太子的冠礼，皇帝亲自到场，由司徒担任加冠的正宾，光禄大夫来辅助。其他王子，皇帝就不到场了，郎中来给加冠，中尉辅助。

普通士大夫子弟在整个仪式中要加冠三次，分别是缁布冠、皮弁和爵弁。缁布冠是用黑布做的冠，在历史上出现得比较早，所以最先戴，意味着不忘前辈的功德。其次是加皮弁，皮弁是用

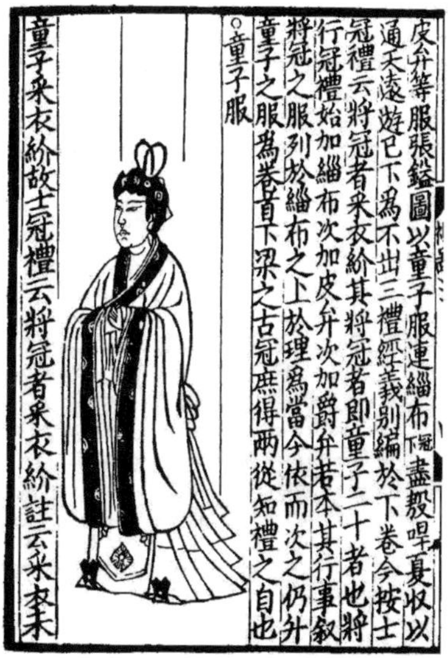

聂崇义《新定三礼图》童子服，清刻本

白色的鹿皮缝制而成，看上去像瓜皮帽，与朝服配套穿戴，级别比缁布冠高。最后加爵弁，“爵”与“雀”字相通，因为所用的质料和雀头的赤色相似，所以叫爵弁。爵弁是国君祭祀等庄重场合戴的，地位最尊。皮弁和爵弁都有笄，它的作用是固定头发和冠。《礼说》卷十一载：“凡男子有二笄，一固髻，一固冠。固髻者，韬发作髻讫，插笄于其中，以固髻。内则栉纵笄，总是也。固冠者，束发加冠讫，插笄于其中，以固冠。士冠礼皮弁笄、爵弁笄是也。”是说男子在把头发盘起来的时候，要插一个笄在头发上，固定好发型，然后再戴冠，从冠外再插一个笄，笄把冠和头发固定在一起，也就不容易掉了。典礼前，这三种冠分别放在三个竹器中，由三个人捧着，从堂西阶的第二个台阶依次往下站立，行礼时依次上堂。

在典礼开始之前，即将加冠的子弟要在宗庙的堂前就位。其中，嫡长子即正妻所生的长子要单独一席在东阶上，因为古代家国都实行嫡长子继承制，堂的东阶是主人上下堂专用的，单独在这里是突出他的地位，表示他是未来的主人，享有支配国或家的权力，而他的同母和异母兄弟们则一起在堂北偏东的地方。加冠前，赞者先为冠者梳头，用帛布把头发包好。正宾先到西阶下洗手，再上堂到将要加冠的男子的席前坐下，把他头上的帛扶正，然后转身从西阶取过缁布冠走下，到将要加冠的男子的席前说些勉励和祝福的话，再为他戴上，接下来由赞者来系冠缨。之后行冠礼的男子要进屋脱去此前穿的采衣，换上与缁布冠配套的玄端服出来，面朝南方，向来宾展示。加皮弁、爵弁的程序基本和加缁布冠一样，每次也是再换相配套的衣服。三次加冠，冠的级别一次比一次高，是希望成年后的男子德行和能力不断进步。加冠完毕，冠者在堂上室门之西席地而坐，先由正宾向冠者敬醴酒并致辞，然后冠者按照规定的礼节饮酒，拜谢正宾。

以上是普通士大夫子弟的冠礼，加三次冠。如果是诸侯的冠礼，则加四次，也就是在三加的基础上再加玄冕。玄冕是诸侯祭祀林泽和四方百物时的冠冕。要是天子的冠礼，则加五次，在前四次基础上，再加衮冕。衮冕是天子祭祀先王时所戴的冠冕。

《礼记·冠义》说："已冠而字之，成人之道也。"也就是说举行冠礼的同时要取字。虽然古代某些时期孩子出生不久就名和字都起好了，但在冠礼盛行的时代，人们在孩子出生后都是先取名，等行冠礼时再取字，因为从此他是成年了，比他辈分或地位低的人不宜再称呼他的名。取字仪式也是由正宾来完成的，当然字是事先商量好的，不是即兴所拟。正宾和主人分别从西、东阶下堂，面朝东，冠者站在西阶下的东侧，面朝南，正对着宾客。正宾宣布冠者的字并致辞。《魏书》卷二十二载太和十七年七月立元恂为皇太子，“及冠，恂于庙。高祖临光极东堂，引恂入见，诫以冠义曰：‘夫冠礼，表之百代。所以正容体，齐颜色，顺辞令。容体正，颜色齐，辞令顺，故能正君臣，亲父子，和长幼，然母见必拜，兄弟必敬。责以成人之礼，字汝元道。所寄不轻，汝当寻名求义，以顺吾旨。’”其中就记载了太子元恂行冠礼时，父亲高祖皇帝为他取字的事，以及对他的勉励。

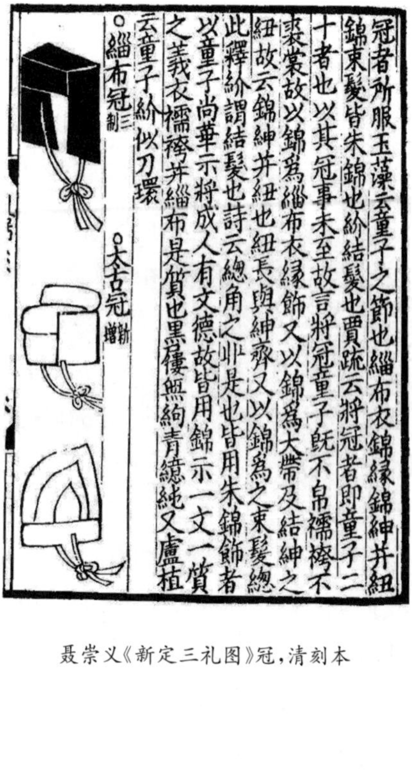
冠者所服玉藻云童子之節也緇布衣錦緣錦紳并紐錦束髮皆朱錦也紒結髮也賈疏云將冠者即童子二十者也以其冠事未至故言將冠童子既不帛襦袴不裘裳故以錦爲緇布衣緣飾又以錦爲大帶及結紳之紐故云錦紳并紐也紐長與紳齊又以錦爲之束髮總此釋紒謂結髮也詩云總角之丱是也皆用朱錦飾者以童子尚華示將成人有文德故皆用錦示一文一質之義衣襦袴并緇布是質也黑屨無絇青繶純又盧植云童子紒似刀環

○緇布冠 三制

○太古冠 新增

聂崇义《新定三礼图》冠，清刻本

冠礼完毕，冠者要拜见尊长。先出庭院的东墙，面朝北拜见母亲，然后去见堂下的亲戚，再出庙门，进寝门，去见姑姑和姐姐。这时已经回家了，就脱去爵弁服，换上玄冠、玄端和雀色的蔽膝，拿着一只野鸡去拜见国君。见面时要把野鸡放在地上，行完礼，再拿着野鸡去拜见卿大夫和乡先生，乡先生就是已退休的在乡里养老的士大夫，这些长者会有所教诲。而此时加冠男子的父亲还在家庙里酬谢正宾，包括敬酒，向正宾赠送礼品，还要将典礼上的肉送到正宾家中一些。

从以上可见，冠礼的程序严格又繁琐，这说明在历史上人们曾对这一礼仪的非常重视。但自从南北朝以后，冠礼就衰落了，唐代有很多人已经不了解冠礼，宋代的理学家们曾提倡冠礼，但民间仍然很少有人施行，明代的皇家内部有这样的典礼，清代人们看得更淡了。不过“弱冠”一词代表成年却被广泛使用着。

古代的女子也有成年礼，叫笄礼。笄就是簪子，女子幼年的时候头发是垂着的，笄礼就是把头发梳理成髻，插上簪子，也称吊头。《金瓶梅词话》第七回说孟玉楼在杨家时“手下使着两个丫头，一个小厮。长了十五岁，吊起头去，名唤兰香。小丫头才十二岁，名唤小鸾”。第三十七回，冯妈妈对西门庆说韩爱姐“十分人材，属马儿的，交新年十五岁。若不是老婆子昨日打他门首过，他娘在门首，请进我吃茶，我不得看见他哩。才吊起头儿没多几日，戴着云髻儿”。“云髻”就是头发盘起像云彩一样，其实因为头发不够多，所以女子经常戴的是假髻，固定在头上就可以了，晚上睡觉时再摘下来。从《金瓶梅词话》来看，明代女子到十五岁梳髻，也就是插“笄”。《礼记 · 杂记》说：“女子十有五年许嫁，笄而字。”两者的说法相同。但《礼记 · 曲礼》说：“女子许嫁，笄而字。”《礼记·内则》郑玄注说：“其未许嫁，二十则笄。”可见女子在定亲之后才举行笄礼、取表字，如果十五岁还没有定亲，可以二十岁再行成年礼。

笄礼的仪节，文献中没有详细记载，一般认为应该和冠礼差不多。到了宋代，一些学者如司马光《书仪》虚构了笄礼的模式，主持者为女性家长，负责加笄的是女宾，然后笄女也要拜祖先、父母等。但这时冠礼都很少举行了，古人又重男轻女，所以这些仪式似乎最终并未付诸实践。不过女子十五岁终究是个值得重视的年龄，《红楼梦》第二十二回关于筹划薛宝钗过生日的事有这样的描写：

> 凤姐听了，冷笑道：“我难道连这个也不知道？我原也这么想定了。但昨儿听见老太太说，问起大家的年纪生日来，听见薛大妹妹今年十五岁，虽不是整生日，也算得将笄之年。老太太说要替他作生日，想来若果真替他作，自然比往年与林妹妹的不同了。”贾琏道：“既如此，比林妹妹多增些。”

可见当时尽管不举行正规的笄礼，但仍把及笄的这一年看得很重要。

三 婚姻

在进入父系氏族社会之前，我国的婚姻形式有原始群婚、血族群婚、亚血族婚、对偶婚等多种形式，当时的婚姻状态并不稳定，结合的对象也过于自由。婚姻受到血缘和伦理的限制是在进入父系氏族社会之后的事，这无疑意味着社会的进步。结婚是人生大事，因此随着礼仪制度的健全，婚礼也有了很强的规范性。

在周代的时候，与婚姻有关的六礼就定型了，在后世产生了深远的影响。据《仪礼·士婚礼》规定，周代实行的婚仪六礼如下：一是纳采，指男方请媒人到女方家说亲，得到女方家长应允后，再派使者送上象征爱情忠贞的雁作为礼物，正式提亲。二是问名，是男方派人到女方家，问女子的生母和女子的名字、排行和生辰八字，回来占卜吉凶。女家要设宴款待来人。三是纳吉，带着女子的生辰八字去占卜，得了吉兆以后，派人到女方家去报喜，正式定婚约。四是纳征，就是送聘礼，订婚。五是请期，是选择结婚的吉日，还派人带雁去女方家告知。六是亲迎，也是婚礼中最重要的仪式。到了约定婚期，新郎要亲自率领亲属到女方家迎娶新娘。新郎到了新娘家，岳父要来迎接，而在接走新娘之前，新郎要向岳父行拜礼，然后岳母赠新娘日常所用衣物并嘱托一番，新娘就随新郎下堂了。那时新娘是乘车而不是坐轿，先由新郎亲自赶车，车轮转了三圈后，请人代驾。男方家在新房中设了席，新郎新娘到家后，要一同吃黍饭和祭祀时用的牲肉，叫做共牢。吃完了行合卺礼，就是把一个葫芦剖成两半，两人各拿一半来饮酒。新郎新娘席上共饮三次，前两次用爵，最后一次用卺。他们吃剩的饮食送到另外一屋，由双方的亲属吃掉。新郎和新娘订婚时，要赠一条丝带作为信物，自订婚之日起新娘就用它束发，结婚当日宴席之后，新郎要把它摘下来，接下来撤掉屋里的红烛休息，婚礼就结束了。新娘第二天早上要早起沐浴打扮，拜见公婆，把盛枣、栗的竹篮献给公公，盛肉的竹篮献给婆婆，赞礼者代表公婆向新娘敬酒，从此新娘就正式融入了男方的家庭。以上仪式过程主要流行于周代贵族士大夫阶层，后代有所损益，但主要是婚礼当天的仪式细节有所不同，而重要步骤还是差不多。

到了汉代的时候，开始流行用红盖头把新娘的脸蒙起来，进洞房后由新郎掀开。那时的婚姻是由父母、长辈包办，没有相亲的仪式，所以新婚夫妇大多结婚时才相互相识。唐宋时期出现了相亲的婚俗，男方派人到女方家里相亲，或者家长带着子女名义上是到湖船等场所游玩，实际是相互看一看。如果中意就在女子头上插一根金钗，叫做插钗，若不中意，则送给女家一匹彩色缎子，叫做压惊。迎亲前男方要送冠帔、花粉等给女方化妆用，称为催妆，还盛行请人写催妆诗，增加浪漫的气氛，女方则在新婚的前夜派人带着被褥等物，到男方家装饰新房，谓之铺房。宋代的新娘开始坐花轿，男子在前面骑马。花轿抬到男家的门口，有人拦着要钱讨酒，称为“拦门”。男家在新娘进门的时候用布袋或席子铺在地上，称为传席，有时将走过的布袋和席子不断传到前面，取传宗接代之意。新娘下轿，有人拿花斗撒谷豆。新郎新娘入堂，祭拜祖宗父母。拜堂时男女两家各拿出一条彩缎，打成同心结，表示夫妇永结同心，最后两人一同牵着入洞房行交拜礼，进入洞房后还各剪下一绺头发，挽成同心结作为信物，称为“合髻”，意味着从此就是结发夫妻了。到了明清时期，婚礼上又增加了一些新的仪式，如洞房前面的地上放一火盆，喜轿要从火盆上经过，新郎手里拿着弓箭向轿底连射三箭，据说这样可以辟邪。新郎和新娘还吃交杯酒和半生不熟的饺子，有人问新娘生不生，新娘就说生，有祈子的意味。

《嫁娶图》,莫高窟 196 窟,《中国敦煌壁画全集》

宋元明清时期的婚礼不完全遵循六礼,重点在提亲、送聘礼和娶亲即纳采、纳征、亲迎这三个环节。如《金瓶梅词话》中西门庆娶孟玉楼,先由媒人薛嫂介绍,到孟玉楼家相亲,当场送了"锦帕二方,宝钗一对,金戒指六个",已经没有雁了。然后就直接对孟玉楼说了送聘礼和娶亲的日期,而当日西门庆并未亲自迎娶,是派仆人去的。清代小说《廿载繁华梦》第二回写周庸祐娶妻,从这一过程我们也可以了解到当时的婚姻礼仪状况。周庸祐因为在衙门作库书,托族兄弟周有成办理,刘婆来做媒,夸赞邓家女儿,周有成说:"这姓邓的,我也认得他,他的女儿,也听说很好。就烦妈妈寻一纸年庚过来,待到庙堂里上一炷香,祈一道灵签,凭神作主。至于门户,自然登对,倒不消说了。"周庸祐听说已看妥女子,"立即令人回乡,先建一所大宅子,然后迎亲。先择日定了年庚,跟手又行过文定。不两月间,那所宅子又早已落成,登即回乡行进伙礼"。"统计所办女子头面,如金镯子、钗环、簪珥、珍珠、钢石、玉器等等，不下三四千两银子。那日行大聘礼，扛抬礼物的，何止二三百人”。“周家到了是日，分头打点起轿。第一度是金锣十三响，震动远近，堂倌骑马，拿着拜帖，拥着执事牌伞先行。跟手一匹飞报马，一副大乐，随后就是仪仗。每两座彩亭子，隔两座飘色，硬彩软彩各两度，每隔两匹文马。第二度安排倒是一样，中间迎亲器局，如龙香三星钱狮子，都不消说。其余马务鼓乐，排匀队伍，都有十数名堂倌随着。最后八名人夫，扛着一顶彩红大轿，炮响喧天，锣鸣震地。做媒的乘了轿子，宅子里人声喧作一团，无非是说奉承吉祥的话。起程后，在村边四面行了一个圆场，浩浩荡荡，直望邓家出发。”“那夜邓家打发女儿上了轿子，送到周家那里，自然交拜天地，然后送入洞房。”

从以上截取的这段小说情节可知晚清时期纳采、问名这个环节已经省略了，直接就是纳吉，接着送聘礼，办婚事，因为周庸祐当时已经发家，所以很铺张。新娘轿子用八个人抬，旁有鼓乐，带着仪仗队，绕着村子转了一圈才去新娘家，而新娘是在夜里入轿，拜堂成亲的。为何要在夜里？其实自周代以来一直是这样的。“婚”与“昏”通，氏族社会的时候流行抢婚，为了顺利，经常在夜间进行，所以后来尽管是正大光明的结婚，也选择在“昏”即太阳落山后来迎娶新娘。而时至今日，不但没有人在晚上迎亲了，而且一定要选择在上午。

不过相对来讲，一般初婚和娶正妻的仪式比较隆重，而续弦、纳妾或在服丧期间娶亲，仪式都要从简。如《廿载繁华梦》第四回邓氏死，周庸祐续弦，因为丧期未过，所以没有大办，“密地令人打点亲事，娶时致贺的，都是二三知己，并没有张扬”。《金瓶梅词话》第七回西门庆娶孟玉楼时，仅是“一顶大轿，四对红纱灯笼”。西门庆给送亲的一匹锦缎，一柄玉绦儿。第九回娶潘金莲，连灯笼都少了一半，“一顶轿子，四个灯笼，王婆送亲，玳安跟轿，把妇人抬到家中来”。第十九回娶李瓶儿，“一顶大轿，一匹段子红，四对灯笼，派定玳安、平安、画童、来兴四个跟轿，约后晌十分，方娶妇人过门”。这三个女子都是作为妾室娶过来的，而且三人中只有娶李瓶儿时摆了三日酒，其余没有设宴的叙述。从《金瓶梅词话》中娶李瓶儿的时间来看，当时花轿到男方家是在下午，不是天黑的时候，这也说明在明代，作为核心的迎娶环节也不完全遵从周礼了。

宋代以后的历代婚俗发生了很大变化，但皇帝的大婚都遵循六礼的程序，清代虽然是满族建立的王朝，仍然遵循不变，只是极为奢华。清代前期的几位皇帝比较节俭，但《国朝宫史》卷十九载大婚时册封皇后的金册就达十页，每页用三等赤金十八两，而当日再补充的大征礼有黄金二百两，白银万两，金茶器一套，银茶器两套，银盆两个，马六十匹等。当日还赐给皇后父母的黄金百两，白银五千两，布帛一千五百匹等。比较特殊的是清代皇后在娘家被册封后，凤舆是从宫城的正门抬进去的，其他妃子一生都没有机会从这里通过，极为荣耀。慈禧太后的儿子同治帝载淳的皇后是慈禧太后的亲侄女，但婆媳关系并不好，有一次吵架，皇后说自己是从大清国的正门进来的，这正触到了慈禧太后的痛处，因为慈禧进宫时是从侧门进来的，她认为这是讽刺了自己，由此婆媳关系更加恶劣。

总的来看，中国古代是不提倡自由恋爱的，《诗经 · 南山》云：“娶妻如之何？匪媒不得。”《孟子 · 滕文公下》说：“不待父母

徐扬《姑苏繁华图》藩台、役所、婚礼片段，辽宁博物馆藏

之命，媒妁之言，钻穴隙相窥，逾墙相从，则父母、国人皆贱之。”说的就是娶妻就得通过媒人来介绍，要经过父母的同意，自己不能随便就和哪个女子定情，如果私定终身，会被所有人瞧不起。尽管唐宋时期有相亲之礼，但并不普遍。因为父母对婚姻的干涉过重，而媒人经常妄图取利，新人之间相互不了解，所以经常给缔结婚姻带来很多风波，甚至酿成悲剧。如《西厢记》的故事，因为张生只是一介书生，没有社会地位，尽管与相府小姐崔莺莺彼此倾心，而且对崔家有救命之恩，仍遭到老夫人的坚决反对，最后中了状元才被允许完婚。再如前引《廿载繁华梦》，周庸祐虽然迎娶邓氏的礼仪很隆重，但两人事先不认识，个性也不合，婚后没多久邓氏就抑郁离世了。《新镌笑林广记》卷六《藏年》就记载了因媒人谎报新娘年龄引起的笑话。说一个人娶了一个老妻，婚礼后坐床时，看年她脸上有很多皱纹，说：“你多大岁数了？”新娘说：“四十五六岁。”新郎说：“婚书上写三十八岁，依我看来还不止四十五六，对我实话实说吧。”新娘没办法，只好说：“实际上五十四岁了。”新郎又问了她好几遍，她就咬定五十四岁。上床后，新郎还是觉得不放心，于是灵机一动，说：“我要起来把盐坛子盖上，不然老鼠就来吃了。”新娘笑着说：“我活了六十八岁，还没听说过老鼠偷盐吃。”明明六十八岁，被媒婆谎报成三十八，反差如此之大，可以想见新郎心头的失落，他和新娘还何谈幸福呢？总而言之，还是今天自由时代的婚姻礼仪制度更好啊！

四　寿诞

生日在古代有很多种说法，如生辰、诞日、降诞日、寿辰、寿诞、寿旦、华诞、初度，女孩的生日又叫芳诞。这些代表生日的词汇有些今天还在用，有些则基本不用了。在唐代以前，人们没有给人做生日的习惯，那时所说的祝寿和后来所说的不是一回事，祝寿只是祝愿身体健康长寿的祝酒词，哪天都就可以说。从唐代开始，有了给皇帝和皇室成员过生日的惯例，逐渐影响了民间的风气，祝寿的内涵就发生变化了。到了宋元明清时期，生日越来越受到重视，形成了相关的礼仪。

宋人吴曾《能改斋漫录》卷二说南北朝时期，梁孝元帝年少的时候，每当过生日就吃素念经，但他死了以后，就没有人这样做了。从《能改斋漫录》来看，梁元帝萧绎尽管记住了自己的生日，并比平日的饮食行为有所不同，但他年长之后就不这样做了，而且他的行为后继无人，可见这时人们还不重视生日。人们有意识地庆祝生日是在唐代，《唐会要》卷二十九载唐睿宗李旦在景云二年十一月颁布诏书，明令太子和诸王、公主各类节日的贺礼都要禁止，只有"降诞日"和端午可以随意，但不许大兴土木，建造宫室，或者制作一些贵重的首饰、器物，只能送一些衣裳，而且其他亲属和大臣不许献生日贺礼。从这个禁令看，此前皇子和公主过生日的时候已经有亲属和百官

新疆吐鲁番出土鸠杖，新疆维吾尔自治区博物馆藏

献贺礼，因为献的礼物越来越重，所以皇帝下诏禁止和限制。到了李旦的儿子唐玄宗李隆基即位的时候，国力强盛，这时皇帝的观念就不太一样了。皇帝的生日不但过得很奢华，而且开天辟地，成为了普天同庆的节日。《旧唐书》卷八载开元十七年八月五日，唐玄宗过生日，在花萼楼下宴请大臣，大臣们早就领会了玄宗的心思，商议好一起上表，建议把唐玄宗的生日为千秋节。过节的时候，王公以下的大臣要献上铜镜和承露盘。献铜镜是恭贺政治清明的意思，承露盘的源远比较久远。汉武帝曾经建造了一个二十丈高的铜人，铜人手里拿着承露盘，汉武帝就用盘中的露水搅拌玉屑来喝，据说这样可以延年益寿，所以献承露盘是祝愿玄宗长寿。当天天下的各州郡都举行宴乐活动，休假三天，民间百姓也相互道贺。到了天宝七年，千秋节改名为天长节。唐肃宗趁安史之乱，逼玄宗禅位给他之后，也接受大臣的建议，定自己的生日为天平地成节，后来代宗、德宗、顺宗即位，没有设定专门节日，但到了生日那天，还是有些仪式，休假一到三天。之后的唐代皇帝基本都把自己生日确定为节日了，如宣宗为寿昌节武宗、庆阳节，懿宗为延庆节，僖宗为应天节，哀帝为乾和节。唐代以后就形成了传统，如后梁末帝定自己生日为明圣节，后唐明宗为应圣节，宋真宗为寿圣节，宋徽宗为天宁节，宋高宗为天申节，甚至少数民族皇帝也接受了这种传统，如辽太宗的生日为天授节，金世宗为万春节，清代皇太后生日都成为圣寿节，皇帝生日为万寿节，皇后生日为千秋节。

唐玄宗的生日尽管已经定为节日，但过得比较简单，主要是饮酒放假，后来的皇帝就不这样了，形式和内容都丰富起来。北宋叶寘《爱日斋丛钞》卷五记载，唐代宗大历元年过生日，诸道节

唐千秋镜，陕西历史博物馆藏

度献金帛、器服、珍玩、骏马，这是皇帝接受寿礼的开端。唐德宗过生日的时候召佛家、道家的法师和儒官在麟德殿讲论，也开了斋会的先例。穆宗长庆元年过生日，诏百官和命妇在光顺门进名参贺，这是接受进名受贺的开始。唐文宗开成二年下诏，自己的生日宴会一律用素食，这是皇帝过生日禁屠宰的最早先例。自此皇帝过生日大致形成了这样的几道程序，接受百官的拜贺和献礼，听儒释道三家的讲论，和大臣一起宴饮。

从历史记载来看，皇帝过生日还可以随着个人的喜好而选择活动。唐代宗崇信佛教和道教，他过生日的时候，经常到寺庙里去，主持僧道之徒的出家仪式，大历四年曾经率领百官在章敬寺修斋，行香。大历六年，在资圣寺赏赐众僧饭食。大历八年在资圣寺赐给一千名僧人斋饭，当天度二百多僧尼皈依佛门。唐宣宗也敬佛，明代陶宗仪《说郛》卷四十六下说他过生日的时候曾在宫中结彩为寺，赐升朝官以下锦袍，李可及曾经训练几百人作四方菩萨蛮队，为他庆祝。明成祖朱棣因为从侄子建文帝朱允炆手中夺得皇位，他的军队攻入都城的时候，宫中着火，据说建文帝就烧死在大火中。因此朱棣当了皇帝以后经常心绪不稳，加上他母亲的影响，朱棣深深地迷信佛教，他在过生日的时候就去寺里祷告。永乐五年四月十七日，是朱棣的生日万寿节，朱棣提前一天到了灵谷寺观看向日塔的塔影，然后默默地祈祷说："明天是我的生日，如果吉庆福祥，请塔影再现。"第二天果然应验了，出现"塔影二，一照壁，一映地"。不过这种神异的事情大多是附会之谈。相反，唐文宗就不喜欢宗教信仰，庆成节上，僧徒道士按照惯例在麟德殿上讲论，第二天文宗对宰相说："生日设斋会的事情早就有了，不能一下子就把它撤销，但是我只听儒臣进殿讲论，僧人和道士的我就都不听了。"此外有些皇帝的生日过得很有意思，唐中宗好文采，到了过生日那天，他就在内庭设宴，和学士们联句"柏梁体"诗。金世宗是女真族的皇帝，天生和音乐有不解之缘。大定二十八年万春节，他在庆和殿受群臣的朝拜，回来以后在神龙殿和诸王公主畅饮，兄弟和子女们相继来敬酒，世宗非常高兴，竟然亲自谱了一首曲子，还用本族语言唱了起来，皇太孙等人和之，快乐至极。

唐代的贵族妇女和官吏也庆祝生日。天宝十四年六月一日，杨贵妃过生日，唐玄宗在华清宫长生殿演奏了新曲子，正好这时南海新进荔枝，所以把曲子定名为荔枝香。天宝十年正月安禄山过生日，唐玄宗曾赐给他衣服、玩器和酒馔。受此影响，到了宋元明清时期，过生日举行庆祝活动就形成风气了，而且有越来越奢侈的趋势。中下层文人的经济条件一般，而且他们也以清高自许，所以做生日相对简约，如明代贺复征《云社约》规定:“社友逢初度,诸友各具小分送主人。主人期以日,食俱减半,务益简素,乡居远者不必与。”但是富人之间过生日,送贺礼不能讲究节俭,否则会被认为失礼。《金瓶梅词话》第六十七回说乔大户家的女儿过生日,这女孩儿曾和西门庆夭折的儿子官哥儿定过亲,所以吴月娘送了一份礼:“两只烧鹅,一副豕蹄,四只鲜鸡,两只熏鸭,一盘寿面,一套妆花段子衣服,两方销金汗巾,一盒花翠。”虽然没有金银,但是这些礼物对一个两三岁的孩子来说已经不轻了。至于那些把持朝政的权贵过生日,送礼的人会络绎不绝,而且足够厚重。《金瓶梅词话》第五十五回就写西门庆亲自进京去给权奸蔡京送寿礼,竟然有二十扛金银段匹,而“那日满朝文武官员来庆贺的,各各请酒。自次日分作三停:第一日是皇亲内相;第二日是尚书显要衙门官员;第三日是内外大小等职”。接待的人分作三等,酒席一连办了四天,可见奢华之至。南宋李心传的《建炎以来系年要录》也记载历史上有名的奸臣秦桧过生日,四方的官员都来送贺礼。不过这些人送礼其实都是为了拉拢关系,以便获得利益。在《金瓶梅词话》第三十回,西门庆就给蔡京送过一份厚厚的寿礼,这一次不是他亲自送的,是他的大舅子吴典恩和仆人来保送去的,蔡京非常高兴,马上给了西门庆一个山东等处提刑所理刑的肥差,这礼真是没白送。

如果抛开令人作呕的功利,古人的生日怎么过呢?我们以《红楼梦》第六十二回宝玉过生日为例:

> 因王夫人不在家,也不曾象往年闹热。只有张道士送了四样礼,换的寄名符儿;还有几处僧尼庙的和尚姑子送了

供尖儿，并寿星纸马疏头，并本命星官值年太岁周年换的锁儿。家中常走的女先儿来上寿。王子腾那边，仍是一套衣服、一双鞋袜，一百寿桃，一百束上用银丝挂面。薛姨娘处减一等。其余家中人，尤氏仍是一双鞋袜；凤姐儿是一个宫制四面和合荷包，里面装一个寿星，一件波斯国所制玩器。各庙中遣人去放堂舍钱……姐妹中皆随便，或有一扇的，或有一字的，或有一画的，或有一诗的。

可知年轻贵族过生日，僧道所送的都是能保佑平安长寿的东西。舅舅送衣服、鞋袜、寿桃和寿面，这是固定的礼俗，姨妈送的相同，只是少了一些。同辈已婚的人送鞋袜、荷包、玩具等，年少的同辈可以随意。因为贾政比较清正，《红楼梦》中交代的除了亲人和仆人，没有外人送礼，不然也是避免不了的。

过生日这天除了收礼物，还有一套礼仪程序要走。

这日宝玉清晨起来，梳洗已毕，冠带出来。至前厅院中，已有李贵等四五个人在那里设下天地香烛，宝玉炷了香。行毕礼，奠茶焚纸后，便至宁府中宗祠祖先堂两处行毕礼，出至月台上，又朝上遥拜过贾母、贾政、王夫人等。一顺到尤氏上房，行过礼……小丫头夹着毡子，从李氏起，一一挨着，长的房中到过。复出二门，至李、赵、张、王四个奶妈家让了一回，方进来。虽众人要行礼，也不曾受。回至房中，袭人等只都来说一声就是了。王夫人有言，不令年轻人受礼，恐折了福寿。故皆不磕头。

可知男子过生日，要穿戴整齐，在前厅拜天地，上香，献茶烧纸，然后去祠堂祭拜祖先，再按次序拜长辈，甚至奶妈家也要去拜，最后回到自己房中，接受仆人们的拜贺。从王夫人的话来看，贾家小孩子过生日比较保守，而且讲忌讳。下人给主人拜寿，行礼的经过《红楼梦》中也有描写："平儿便福下去，宝玉作揖不迭。平儿便跪下去，宝玉也忙还跪下，袭人连忙搀起来。又下了一福，宝玉又还了一揖。"可知女仆要先行一个万福，然后行跪拜礼，再行一个万福礼，因为平儿是贾琏的妾，和宝玉平辈，所以还礼对等。

唐人过生日吃汤饼，明清时期流行吃面，面条比较长，取长寿之喻。《红楼梦》中写贾宝玉在房中歇息时，一群丫头就笑着进来说："拜寿的挤破了门了，快拿面来我们吃。""薛蝌又送了巾扇香帛四色寿礼与宝玉，宝玉于是过去陪他吃面。"

按照常理，给年轻人庆祝只称做个生日，而给年过五十的人庆贺生日才称为"做寿"，上了年纪的人过生日不能像小孩子那么随便，特别是六十、七十、八十整岁生日，尤为隆重。《国朝宫史》卷十八载乾隆时期每年皇太后的寿礼标准是"银一万两、大号小珍珠三百串、小珍珠三百串、大号小珊瑚珠三百串、小珊瑚珠三百串、上用缎纱等六十三疋、满地风云龙缎一疋"，另有其他缎纱三十八类一百三十多疋。到了乾隆十六年十一月二十五日皇太后六十大寿的时候，乾隆皇帝在年例外，还日日恭进"九九"寿礼，"九九"就是各类礼物的总数都是九的倍数，自二十一日起，共进献五天。乾隆二十六年皇太后七十大寿，在年例外，又进献"九九"寿礼，自十六日起，共进献十一天，清单上的礼物多达六七百种，数千件。《红楼梦》中贾母的八十寿辰庆典也是前后进行了八天。因为年长者更期盼长寿，所以届时要送寿桃、寿酒、百寿图等，如乾隆皇帝献给皇太后的生日礼物中就有御笔万寿颂缂丝围屏一架，瑶池星彩玉寿星一尊，绥山福永象牙蟠桃大盆景一件，九节延年如意一柄，御笔瑶光炳彩寿星一轴。而明清时期因为戏曲发达，富人做寿时都会请几台大戏，一些热闹曲目《瑶池会八仙庆寿》、《众天仙庆手长生会》等特别受欢迎。

五　丧葬

生老病死是不可违背的自然规律，而丧葬是人生的最后一件事，所以古人对此非常重视，从周代开始，丧葬礼仪就有了完备的体系，以后各代递相沿习，主要程序不变。

古人快死的时候称为“属纩”，“属”是放置的意思，“纩”是新的棉絮，非常轻，把它放在病人鼻孔前，看它还摇不摇动，以此来判断病人是不是断气了。这时候快咽气的病人会被从卧室抬出来，放到厅上，身下要换上竹席子，称为移床易箦。如果棉花不动了，证明人已经死去，要马上拿着死者的寿衣到屋顶，脸朝北大喊三声死者的名字，希望死者能够还魂，之后把衣服卷起扔下去，下面有人接着，盖在死者身上，如果这时死者没有复苏，就可以办丧事了。

首先要给死者洗澡，梳头，剪指甲，把寿衣穿上，让他干干净净地离去。如《金瓶梅词话》第五回，武大郎尽管是被潘金莲和王婆联合毒死的，两人还是给他整理了遗容：

那婆子便把衣袖卷起，舀了一桶汤，把抹布撇在里面，掇上楼来。卷过了被，先把武大嘴边唇上都抹了，却把七窍血痕迹拭净，便把衣裳盖在身上。两个从楼上一步一掇，扛将下来，就楼下将扇旧门停了。与他梳了头，戴上巾帻，穿了衣裳，取双鞋袜与他穿了，将片白绢盖了脸，捡床干净被盖在死尸身上。

一切整理好之后，开始发送讣告，亲友前来吊丧，亲属要穿丧服戴孝。《仪礼 · 丧服》记载，丧服根据与死者的亲疏远近，分为斩衰、齐衰、大功、小功、缌麻五等，俗称五服。斩衰是五服中最重的一种，用粗麻布做的，不缝边，断处线头都露在外面。大臣为皇帝，儿子为父亲等都穿斩衰。儿子为父亲办丧事时还要在腰间系上粗麻绳，手里拿着孝杖，也就是哭丧棒，妻妾和未嫁的女儿发髻上也系上麻，称为髽衰。齐衰服也是粗麻布做的，但衣服的边缘不露线头。这是男子为妻，为祖父母、为兄弟而穿的丧服。大功是用熟麻布做成的，是男子为姐妹、堂兄弟、女子为公婆等穿的丧服。小功也是用熟麻布，但做工比较精细，是男子为堂姐妹、外祖父母，女子为夫家姐妹等穿的丧服。缌麻是最轻的丧服，用细麻布做的，是为更疏远的亲属穿的。后代的丧服并不完全与上述五种相同，但也是根据丧服体现亲疏关系的。《金瓶梅词话》第六十三回西门庆的妾李瓶儿死，西门庆的丧服有“白唐巾，孝冠，孝衣，白绒袜，白履鞋”，正房月娘和其他妾室等都属家人，所以都是“孝髻，头须系腰，麻布孝裙”，李瓶儿的兄嫂“便是重孝，直身道袍”，其余如吴月娘的嫂子等都是轻孝。家属晚上不能离开灵柩，就在旁边歇息，称伴灵，自明代盛行在灵前点长明灯。

聂崇义《新定三礼图》,清刻本

第二天开始入殓,入殓有小殓和大殓之分,小殓是在第二天早晨给死者裹上衣衾,缠尸的东西以布帛为主,贵族则用锦衣,更华丽的如铜缕、银缕、金缕玉衣,平民只能用常服,附身之物还有被子。死者的嘴里要放入米、贝、珠、玉等,宋代的时候有放铜钱的,称为“饭含”。小殓那天,有乐队奏乐,要用酒肉款待来吊丧的人。再过一天就是大殓,把死者放进棺材。古代的棺材分为很多层次,天子和贵族的棺材比较大,涂红漆,有彩绘,分为两层,里面的叫棺,外面的叫椁,还有设三到四重的,棺都是用木材,椁也可用木材,也可用石材。平民的棺很小,没有装饰,称为“素棺”。死者放进棺材以后,亲友要来见最后一面,放声大哭以诀别,然后再钉上棺盖,一个人的一生就这样结束了,人们可以对其人生进行评价了，所以有“盖棺定论”的成语。

大殓之后，死者的灵柩要停一段时间，等待下葬，叫做殡。殡的地点各个朝代不一样，有在堂上的，有在祖庙的，还有单设灵棚的。时间也有长有短，周代天子七个月，诸侯五个月，大夫三个月，普通人一个月。到了汉代，殡的时间大大缩短，皇帝大多在十天左右，民间就更短了。但后来又有所延长，总之各代不同，也因人而异。如果家人对死者感情太深，不忍分离，就可以多放些日子，但同时也要考虑到日期吉凶的问题。如《金瓶梅词话》第六十二回李瓶儿死：

西门庆教徐先生看破土安葬日期。徐先生请问：“老爹，停放几时？”西门庆哭道：“热突突怎么就打发出去的，须放过五七才好。”徐先生道：“五七里没有安葬日期。倒是四七里，宜择十月初八日丁酉午时破土，十二日辛丑巳时安葬，合家六位本命都不犯。”西门庆道：“也罢，到十月十二日发引，再没挪移了。”徐先生当写殃榜，盖伏死者身上。

从李瓶儿停灵和下葬日期来看，本来西门庆不舍得，希望在五七即人死三十五天以后下葬，可是因为日子不吉利，改成在四七即二十八天之内，而且要选和家人命相都不犯冲的日子。发引就是出殡，殃榜又称殃榜，是阴阳先生推断入殓、下葬的时辰后写下的单子，盖在死者身上，下葬日期就确定了。

在停灵待葬期间，每逢七日要请和尚道士作道场，诵经祈福，超度亡魂。而五七最为重要，要比其他日子隆重，这天会有不少客人来吊丧，所以主人要做好准备。《红楼梦》第十四回秦可卿死，王熙凤负责处理丧事，小说中突出了五七那天的事宜：

> 这日乃五七正日上，那应佛僧正开方破狱，传灯照亡，参阎君，拘都鬼，筵请地藏王，开金桥，引幢幡；那道士们正伏章申表，朝三清，扣玉帝；禅僧们行香，放焰口，拜水忏；又有十三众尼僧，搭绣衣，靸红鞋，在灵前默诵接引诸咒，十分热闹。那凤姐必知今日人客不少，在家中歇宿一夜，至寅正，平儿便请起来梳洗。

而到了灵前，要放声大哭，以表哀痛，《红楼梦》此回续写：

> 凤姐缓缓走入会芳园中登仙阁灵前，一见了棺材，那眼泪恰似断线之珠，滚将下来。院中许多小厮垂手伺候烧纸。凤姐吩咐得一声："供茶烧纸。"只听一棒锣鸣，诸乐齐奏，早有人端过一张大圈椅来，放在灵前，凤姐坐了，放声大哭。于是里外男女上下，见凤姐出声，都忙忙接声嚎哭。

从这段叙述可见清代哭灵时要供茶烧纸，因为王熙凤是秦可卿的婶娘，所以坐着哭祭而不跪，也未上香，而哭灵时有乐队奏哀乐，也有家人陪着大哭。

下一步是出殡，出殡时子女或晚辈要跪在门口摔掉瓦做的丧盆，送葬的亲属要穿白衣，围在灵柩周围前行，明清时期女性的家属经常是坐着轿子的。秦汉时期送葬者手里拿着拉灵柩的绳子，绳子的数量也根据死者的身份来确定，还要唱挽歌，后来不唱挽歌，用挽联来代替。如果是土葬，就朝葬地出发。葬地事先都已经安排好了，先在祖茔中按辈分的次序确定大致方向，再由风水先生测定精确位置，皇帝的陵墓因为费工浩大，都是生前就开始修建，会持续很多年，一些贵族和富人为了身后安息，也事先预备好了豪华的墓穴，平民就只是在出殡前挖个坑就算了。在春秋时期以前，虽然大多实行土葬，但是埋葬的地方并不起土丘，也没有墓碑。春秋时坟丘出现了，孔子把父母合葬的时候就建了坟丘。战国以后，立坟丘和植树成了习俗，帝王的墓高数丈，看上去像小山丘，所以又称为陵，故帝王死又称山陵崩。到了汉代的时候，坟的规格有了初步规定，而且坟前出现了墓碑，上面还刻上碑文，记载死者生前的事迹，墓中也埋入墓志，一般是两块正方形石板，一上一下平放在棺椁前面，上面刻着文字，记录死者的相关信息。唐代的时候，对坟的高低和占地面积进行了系统的规定，这时的墓碑镌刻花纹和守护神相，日趋华丽，很多墓志也夸张阿谀，名不符实了。但豪华墓葬都是富人才能承担得起的，古代城市人口密集，很多贫民没钱买地下葬，所以经常采取火葬，而骨灰就弃掷不管了。如《金瓶梅词话》第六回武大郎停了三日出殡，“来到城外化人场上，便教举火烧化棺材，并武大尸首烧个干干净净，把骨殖撒在池子里”。

下葬的时候一般都有随葬品。最开始只是陪葬一些日常生活用品，但是到了夏代和商代的时候，经常用大量的战俘和奴隶来殉葬，商代殉葬的奴隶一次最多达千人以上。周代开始出现陶、木、金属做的人俑和兵马俑，但是人殉的现象仍然存在。秦始皇驾崩时殉葬的人数达到了万人，后宫的妃子也不能幸免，没有生皇子的一律从死。汉代以后的人殉制度时起时落，随葬的物品越来越丰厚，一类是大量珍贵的金银玉器，还有用陶瓷、竹木、石等做成房屋、庭院、家畜鸟兽之类的冥器。但这些冥器的数量有一定的限制，如明代规定公侯为九十事，一二品八十事，三四品七十事，以下依次递减，普通人只能用一事。而在民间，陪葬物品的多少主要是由贫富决定的。

丧事办完后，亲属要服丧，服丧期按照亲疏远近从几个月到三年不等，普通人要谢绝应酬，不许成婚纳妾，不吃荤饮酒等，有些朝代规定在居丧期间不许参加科举考试。大约从西汉时期开始，做官的遇亲丧要离职，称为丁忧，服丧期满后再出来任职，如果隐匿不报就会受到惩罚，而朝廷仍会给丁忧在家的官员发俸禄。如果居丧期间做出违礼的事情会受到处罚，清代顾炎武《日知录》卷十五记载唐宪宗元和九年四月，已故法曹陆赓的儿子慎余和兄长博文在居丧期间穿着华丽的衣服，在坊市间饮酒食肉。宪宗下诏每人打四十板，曹慎余流放到循州，博文遣回老家。元和十二年四月，驸马都尉于季友因为在嫡母丧期和进士刘师服在一起喝酒，于季友被削去官职，打四十板，流放到忠州。刘师服尽管不居丧，但是与居丧者饮酒也不合法，因此被打四十板，配流到连州。而于季友的父亲于頔以不能教育好儿子的罪名，被夺去了官阶。于季友是驸马都尉，可见唐代连皇亲违犯丧礼也不放过，惩处力度很大。

古代还有些人出于对父母的孝心，经常在坟旁建一个草庐，在那里住上三年，日夜陪伴死去的父母，所谓“事死如事生”。孔子去世后，他的很多弟子也曾这样。从这些事迹可见古人对于父母师长的缅怀、感恩和思慕，中华民族自古以来就有这样的优良传统。

第三章　社会交往

在丰富复杂的社会生活中，人和人之间需要很多交往。古代社会阶层的划分鲜明，人们又基本上是以家族为中心群居在一起，级别、年龄、辈分、亲疏关系都是交往中要注意的问题，所以古人在言辞、举止等方面的讲究都非常细致。了解了古人的交往礼仪，才能更深刻地体会他们的生活。

一　宴饮

宴饮是古代人生活中的重要内容，无论是皇室、贵族还是平民，赶上节日、喜事、丧事等都要预备酒宴。平常的日子里，为了相互的交流沟通，达到和谐的目的，在一起吃饭饮酒也是再好不过的方式了。几千年前，中国的农业和畜牧业就很发达，炊具也很先进，人们也早就学会了晒盐和使用调料，因此中国的饮食文化源远流长，与之相关的宴饮礼仪也非常完备。从设宴的名目、时间、地点和规模，菜肴的品种、

“千叟宴”银牌，首都博物馆藏

数量、摆设，参加者座次的安排，到敬酒的程序、礼节，酒席上行令的规矩等，都有繁细的礼仪规则。

先说设宴的名目，有皇室内部或家庭内部的家宴，皇帝为新科进士举行的恩荣宴，为庆祝重大项目修成的修书宴，欢迎外藩使臣的外藩宴，庆贺将士凯旋归来的凯旋宴，地方官邀请老辈知识分子参加的乡饮酒宴，宣扬敬老的千叟宴，文人墨客逍遥山水之间的雅集，还有生日、节日、结婚、生子等因红白喜事而举行的众多宴饮活动。在民间，这些宴饮活动的规模取决于一个家庭的经济条件，但是在宫廷里却不是这样，不同的名目要有不同的规模。如《国朝宫史》卷十九载皇子娶福晋成婚礼筵宴，地点设在箭亭井的长房里面，除了常规的物品以外，限定羊要有四十五只，饽饽桌子设四十张，酒宴有六十席，黄酒六十瓶。皇太后的宫筵设三十席，乳酒和黄酒共二十瓶，羊十八只。皇太后、皇帝、皇后、皇贵妃、贵妃、妃、嫔常用的桌子各一张。每年上元节和上元节的前一天，皇帝宴请蒙古王台吉，按规定用饽饽桌九十张，酒四十瓶，兽肉五斤。每年上元的后一天，皇太后宴请外藩公主、格格、福晋等，用常宴桌二十张。

在宫廷的宴饮活动中，参加者的身份不同，能够享用的食物、器皿也有所区别。如《周礼・天官・冢宰》规定，周天子“六食六饮六膳”，“百馐百酱八珍之齐”，上大夫为“八豆八簋六硎九俎”。《国朝宫史》卷十九载清代皇太后的筵宴，用金瓶一个、折盂一个、执壶二把、杓一把、大钟二十四个、杯盘十份，钢镀金大酒杯四十个。皇帝可以用金瓶三个，折盂三个，执壶三把，杓二把，杯盘十份，大钟二十个，碗二十个，玉盏金盘二份，钢镀金大酒杯六十个。皇后金瓶一个，折盂一个，执壶二把，杓一把。其余的妃嫔和大臣不能用金器。

宴席上的位置和座次按照尊卑长幼的顺序，用高桌还是低桌也是按身份来区分的。清代是皇帝和王公一直用高桌椅，大臣用高还是低桌椅要看宴饮的名目。《国朝宫史》卷七载乾清宫的曲宴廷臣仪，设皇帝的御筵在宝座前，王公、大臣的宴席在左右两侧，排成很多行，东西向。王公用高桌椅，大臣等用低桌椅。乾隆十一年八月二十七日，乾隆皇帝在瀛台丰泽园赐王公、宗室宴，共一百零三人参加宴会。先安设了大地平（平台），皇帝的御宴在正中，履亲王、庄亲王、慎郡王、諴亲王、康亲王在地平上左右，皇子和王公三十六人在殿内左右，宗室大臣、侍卫、官员、闲散六十二人在东西两厢，都是高桌椅，廷中设了戏台。宴会是在上午，所以黎明的时候，前来参加宴会的人就要穿好蟒袍补服，在瀛台勤政殿的宫门外恭候，跪迎圣驾。皇帝到了以后，大臣们跟随着到了宴会的场所，按照礼仪官的指示，分等级和长幼列坐。如果是自家人的宴会，因为男女有别，所以要按性别分开，如《红楼梦》第五十三回除夕贾母在正室中坐，“两府男妇小厮丫鬟亦按差役上中下行礼毕，散押岁钱、荷包、金银锞，摆上合欢宴来。男东女西归坐”。如果家宴中有客人，就请客人上座，其余按辈分就座。如《红楼梦》第五十三回元宵晚上，贾母领子侄和孙媳在大花厅吃饭，上面的两席是李婶和薛姨妈，李婶是王夫人长媳、贾宝玉的嫂子李纨的婶母，和薛姨妈都是客人，而且同辈，所以坐在上。贾母在东面的榻上，自己的席用高桌设在榻旁，让宝琴、湘云、黛玉、宝玉四个人坐在这里。这四人中，宝琴是薛宝钗表妹，湘云和黛玉也是外来的亲戚，贾母又特别喜欢，所以让他们坐在自己的身边。下面就是按照辈分排，故下面方是邢夫人王夫人之位，再下便是尤氏、李纨、凤姐、贾蓉之妻。西边一路便是迎春姐妹等。

在皇室宴会上，进茶、酒、馔是有次序的，而且敬酒有一套严格的礼仪程序。以《国朝宫史》卷七载清代乾隆丰泽园凯宴仪为例，先敬茶，再敬酒，敬酒完了再敬菜肴，然后皇帝赐酒。给皇帝敬酒时，凯旋归来的大臣要先到殿外把补服脱掉，到殿中跪下，从掌仪司官那里接来盛满酒的爵，双手捧好，小步快走到殿上，跪着敬酒，然后站起来退回原来的位置，跪着磕一个头。皇帝喝下这杯酒时，王公等都要行一叩礼。敬酒人这时再上殿，跪着接下空酒杯，交给掌仪司官。接下来皇帝先赐一回酒，这回是掌仪司官捧爵，大臣跪着接受，磕一个头，喝完了，掌仪司官把空爵拿走，大臣再磕一个头，退出帐子把补服穿上，入座。然后进菜肴。在宴席上，每个礼仪的环节都有不同的音乐伴随，菜肴上来以后，大臣要等到奏乐停止了，磕头谢恩之后才能吃。这时皇帝亲自赐酒给大臣，大臣不能怠慢，要离席，按照次序到御座前跪下，皇帝亲手把酒给他，大臣喝完了，空杯子不能给皇帝，要给卫士，再磕一个头回座。这时歌舞剧就陆续上演了。宴会结束的时候，大臣还要行叩拜礼，皇帝离开后，再按顺序出宫。在宴会上，大臣和太监等一定要谨慎遵守各种礼节，否则触怒龙颜，后果不堪设想。如《国朝宫史》卷二记载清康熙二十一年七月初八日，康熙皇帝下旨说："昨日在晾鹰台筵宴诸王大臣，尚未坐，有太监王进、程昏之、杨进章、霍承培，俱不知规矩，竟坐于棚下。着交该管议处具奏。"就是说众位王爷和大臣还没就坐的时候，一些老太监凭着资格老，不守规矩就先坐下了，传旨把这些太监每人鞭打八十下。卷四记载雍正十三年十月十一日，皇帝下旨说他和和亲王等在“九洲清晏”观礼，服侍过康熙皇帝的老太监苏培盛等在那里吃饭，不但不按规矩回避，还邀请阿哥们和他们一起吃，气得雍正皇帝不在那儿吃饭，稍坐一会儿就走了。事后下旨警告，下不为例，不然重重地处罚他们。

宴席上除了与人有关的礼节要严格遵守外，菜肴的摆投也有规定。《礼记 · 曲礼》说：“凡进食之礼，左肴右胾，食居人之左，羹居人之右。脍炙处外，醯酱处内，葱渫处末，酒浆处右。以脯脩置者，左朐右末。”是说带骨的菜肴放在左边，纯肉切好的放在右边。没汤的在左边，羹汤放在右手边。细切和烧烤的肉放远些，醋和酱类放在近处。葱等佐料、酒浆等也放在右边。如果要分开放干肉、牛脯等，弯曲的在左边，直的在右边。另外《礼记 · 少仪》中记载上菜时要用右手握持盘子，左手托着托子。上鱼时鱼尾向着人，冬天的时候鱼肚向着客人的右侧，夏天改为鱼脊朝着客人的右侧。用餐时也不能没礼貌，《礼记 · 曲礼》中说吃饭时要检查手干不干净。别用手搓饭团，不要喝得太猛，也不要出声，不要啃骨头，咬过的肉不能再放回去，还不要当众剔牙齿等等。

仇英《人物故事》，北京故宫博物院藏

席上为了取乐和烘托气氛，常常要玩一些花样，叫酒令，如投壶、覆射、划拳、猜谜、联句等。《红楼梦》中有很多行酒令的描写，第六十三回贾宝玉过生日，头行的是占花名儿：

麝月笑道："拿骰子咱们抢红罢。"宝玉道："没趣，不好。咱们占花名儿好。"……晴雯拿了一个竹雕的签筒来，里面装着象牙花名签子，摇了一摇，放在当中。又取过骰子来，盛在盒内，摇了一摇，揭开一看，里面是五点，数至宝钗。宝钗便笑道："我先抓，不知抓出个什么来。"说着，将筒摇了一摇，伸手掣出一根，大家一看，只见签上画着一支牡丹，题着"艳冠群芳"四字，下面又有镌的小字一句唐诗，道是：任是无情也动人。又注着："在席共贺一杯，此为群芳之冠，随意命人，不拘诗词雅谑，道一则以侑酒。"众人看了，都笑说："巧的很，你也原配牡丹花。"说着，大家共贺了一杯。宝钗吃过，便笑说："芳官唱一支我们听罢。"芳官道："既这样，大家吃门杯好听的。"于是大家吃酒。芳官便唱。

可知占花名儿是抽签，按照签上的花和酒令行酒，第一个抽签的人是由骰子上的点数来决定的。"吃门杯"是每个人喝一杯，门杯是放在每个人面前的单用酒杯，也叫门前杯。用来敬酒罚酒的是公用的杯子，叫公杯。在《红楼梦》第二十八回，贾宝玉和蒋玉菡、薛蟠等朋友玩乐，行的是文字令：

宝玉笑道："听我说来：如此滥饮，易醉而无味。我先喝一大海，发一新令，有不遵者，连罚十大海，逐出席外与人斟酒。"冯紫英蒋玉菡等都道："有理，有理。"宝玉拿起海来一

> 气饮干，说道："如今要说悲、愁、喜、乐四字，却要说出女儿来，还要注明这四字原故。说完了，饮门杯。酒面要唱一个新鲜时样曲子；酒底要席上生风一样东西，或古诗、旧对、《四书》《五经》成语。"

酒面是指杯子里斟满了酒，行令之前先不喝，行完一个酒令，饮干一杯，杯子见底，所以叫酒底。"席上生风一样东西"是酒桌上摆放的东西，宝玉要求就此说一句相关的诗句、成语等，如宝玉说唱完毕，饮酒，"捻起一片梨来，说道：'雨打梨花深闭门。'完了令"。

另外在席上要注意，不能犯了名讳，如果是贵人，即使他所使唤的仆人的名字也在避讳之列。如贾宝玉房中最重要的丫鬟是袭人，《红楼梦》第二十八回宝玉等饮酒，蒋玉菡拿起一朵桂花说："花气袭人知昼暖。"

> 薛蟠又跳了起来，喧嚷道："了不得，了不得！该罚，该罚！这席上又没有宝贝，你怎么念起宝贝来？"蒋玉菡怔了，说道："何曾有宝贝？"薛蟠道："你还赖呢！你再念来。"蒋玉菡只得又念了一遍。薛蟠道："袭人可不是宝贝是什么！你们不信，只问他。"说毕，指宝玉。宝玉没好意思起来，说："薛大哥，你该罚多少？"薛蟠道："该罚，该罚！"说着拿起酒来，一饮而尽。冯紫英与蒋玉菡等不知原故，云儿便告诉了出来。蒋玉菡忙起身赔罪。众人都道："不知者不作罪。"

即使蒋玉菡不是故意冒犯，也得赔罪，而薛蟠因为故意说出了袭人的名字，所以要罚酒。《世说新语》卷下之上载桓玄被召为太子洗马，他的船停在荻渚的时候，王忱来看他，桓玄设酒款待，因为王忱来之前吃了散药，还喝了酒，稍稍有点儿醉，因此不能喝冷酒，就多次和左右的仆人说："温酒来。"桓玄因此哭得出了声。王忱很不好意思，就要告辞，桓玄用手巾擦擦眼泪对他说："犯了我的家讳，干您什么事？"王忱感叹说："你可真是旷达。"桓玄的父亲名桓温，当时朝廷认为桓温有谋反的行为，所以一直压制桓玄。王忱无意间犯了桓玄父亲的名讳，触到了桓玄的痛处，导致桓玄很伤心，自己也很尴尬。

二　拜贺

古代人生活中的应酬特别多，特别是遇到升官、生子、发财、结婚、节日这样的喜事，或者与达官贵人、风流名士等结交，都要相互拜见，相互庆祝。那么在这类拜贺的活动中，相关礼仪有哪些呢？我们通过实例来详细解说。

《三封书拜谒扬州牧》，臧懋循《元曲选》插图，清刻本

首先来说名帖和名帖的使用。名帖，又称帖子，相当于名片，在古代的应用十分广泛。秦汉时期，人们就开始用这种方式来通报姓名，不过那时的名帖是削平的竹木片，也

叫谒或刺，汉以后随着造纸术的发明和推广才开始用纸制名帖，所以名帖还有名纸、名刺、门刺、门状等名称。名帖上一般都写乡里、姓名，如果还写官爵，就称为爵里刺。凡是做官或有地位的人都备有名帖，这样非常方便。在和人交往过程中，如果不能亲自去见，就让仆人拿着名帖代表自己去，表示尊重，也让对方清楚送礼的人究竟是谁。如《金瓶梅词话》第三十六回载，蔡状元和同榜进士安忱一起乘船来到新河口，西门庆的仆人“来保拿着西门庆拜帖来到船上见，就送了一份嘎程，酒面、鸡鹅、嘎饭、盐酱之类”。这里的“拜帖”就是名帖。接受别人东西后，回复或回赠时仍要拿帖子，如《金瓶梅词话》第三十一回，西门庆即将上任提刑所理刑，“忽有提刑所夏提刑，拿帖儿差了一名写字的，拿手本三班送了十二名排军来答应，就问讨上任日期，讨问字号，衙门同僚具公礼来贺。西门庆教阴阳徐先生，择定七月初二日，青龙金匮黄道，宜辰时到任，拿拜帖儿回夏提刑，赏了写字的五钱银子”。

以上引文除了拜帖，还提到“手本”，手本也是名帖的一种，一般是六页棉纸折成，有底壳，分为两种：红禀是初次谒见和庆贺的时候用的，白禀是为报告时用的。因为除了姓名外，所附的东西多，页数也多，所以称为手本。如《金瓶梅词话》第三十一回说刘太监就座，“教坊司俳官跪呈上大红纸手本，下边簇拥一段笑乐的院本”，可见手本上有戏子的姓名，还有他们的说唱词。明清时下属见上级或者门生见老师等场合要用手本，仍以《金瓶梅词话》第三十一回为例，西门庆即将上任提刑所理刑，裁缝匠人做衣帽，“西门庆带着小帽锦衣，和陈经济在穿廊下，看着写见官手本揭帖。”“伯爵问：‘哥的手本、札付下了不曾？’西门庆道：

‘今早使小价往提刑府下札付去了。今有手本还未往东平府并本县下去。’”札付是上级任命西门庆为提刑所理刑的公文，揭帖是向上级申报的文书。从这段话可见西门庆即将上任时就开始准备手本，先让仆人把任职公文送到任所，再送手本到府县的官衙，便于官员之间了解。手本的页数比较多，而一般的名帖只有一张，在颜色使用原则上和手本差不多。如《金瓶梅词话》第四十九回，宋御史与西门庆本来不认识，在蔡御史的劝说下到了西门庆家，就“投了个宛红单拜帖，上书：‘侍生宋乔年拜’”。不管认不认识，登门时首先投名帖也是常规的礼仪，再如《金瓶梅词话》第三十二回，“西门庆慌忙整衣冠出二门迎接，因是知县李达天，并县丞钱成，主簿任廷贵，典史夏恭基。各先投拜帖，然后厅上叙礼。”

在庆贺节日时，名帖还发挥特殊作用，如袁景澜《吴郡岁华纪丽》卷一载：“元旦，男女以次拜家长毕，出谒邻族亲友，互相往来拜贺，曰拜年。其不求见面，而但通谒者，则遣童仆分投名纸，曰飞帖。或于门间设簿籍，令来客书姓名，曰门簿。或黏红纸袋于门以接帖，署曰接福。”这里的元旦指大年初一，可知很多人不亲自来拜年，而是让仆人到各家去发名帖，有些人家在门口特意放了红纸袋来接收，所以每到节日大家都会发出和接收很多名帖，感觉像现在发贺卡。不过这种形式虽然简便，但会让人觉得人情味越来越薄，明代著名书画家文征明曾作拜年诗：“不求见面惟通谒，名纸朝来满敝庐。我亦随人投数纸，世情嫌简不嫌虚。”所以对那些德高望重的长辈，还是要亲自登门拜贺，以示尊重。

其次，到别人家拜访或庆贺时穿戴要整齐华丽，或穿公服、吉服。如《金瓶梅词话》第三十一回，西门庆升官，“周守备、荆都监、夏提刑等众武官，都是锦绣服”。第三十五回：“吴月娘与众房，共五顶轿子，头带珠翠冠，身穿锦绣袍，来兴媳妇一顶小轿跟随，往吴大妗子家做三日去了。”第四十九回宋御史和蔡御史来到西门庆家，“都穿着大红獬豸绣服，乌纱皂履，鹤顶红带”。《国朝宫史》卷七载清代皇后过生日，皇贵妃、贵妃、妃、嫔等都要在庆宴前换上吉服。

其三，礼物要讲究。在拜贺过程中，多多少少都要带些礼物，而拿什么礼物要按习俗来。如《金瓶梅词话》第三十一回，西门庆家做了提刑官，又赶上官哥儿满月，所以“薛太监差了家人，送了一缸内酒，一牵羊、两匹金段、一盘寿桃、一盘寿面、四样嘉肴，一者祝寿，二者来贺”。寿桃和寿面都是祝寿常备的礼物。此回又载“本县正堂李知县，会了四衙同僚，差人送羊酒贺礼来。又拿帖儿送了一名小郎来答应，年方一十八岁。本贯苏州府常熟县人，唤名小张松，原是县中门子出身……西门庆一见小郎伶俐，满心欢喜，就那拜帖回覆李知县，留下他在家答应……专管书房收礼帖，拿花园门钥匙”。羊和酒是庆贺喜事时一般不可少的，薛太监和李知县的礼物中都有，但有意思的是，知县和衙门的同僚所送的礼物还包括仆人。不过这个仆人可不是普通人，而是在衙门混迹多年的机灵鬼，可见知县等人想让这个仆人帮助西门庆熟悉官场事宜，为他提供个帮手。如果是特殊节令，拜贺的时候要送有节令意味的礼物，如袁景澜《吴郡岁华纪丽》卷一载岁朝即新年，人们要相互送百果，说吉利话，叫做开口果子。如果礼物太多，要开列清单。《金瓶梅词话》第五十五回西门庆到东京给蔡京送寿礼，因为礼物太多，就列了一个礼单：“翟管家慌跑出门来，叫抬礼物的都进来。二十来扛礼物，揭开了凉箱盖，呈上一个礼目……”

送礼物的轻重和方式要根据受礼人和送礼人的身份。如《金瓶梅词话》中西门庆送蔡京的生日礼总计金银珠宝二十扛，送给普通官员就不这样了，如第十七回周守备过生日时，西门庆就只是“封五星分资、两方手帕”。明清时期文官因为俸禄比较低，又追求清雅，所以在一般性的拜访时常送人绢帕、书扇、茶砚等清雅之物，作为见面礼。如《金瓶梅词话》第三十六回，蔡状元同安进士来拜西门庆，“蔡状元那日封了一端绢帕、一部书、一双云履；安进士亦是书帕二事，四袋芽茶、四柄杭扇。各具宫袍乌纱，先投拜帖进去。西门庆冠冕迎接至厅上，叙礼交拜”。第四十九回蔡状元升任御史，又来西门庆家，贽见礼是：“两端湖绸，一部文集，四袋芽茶，一面端溪砚。”还有很多时候，文人都用诗词画来表达祝贺，如苏轼曾为他的朋友和弟弟喜添了孙作《贺陈述古弟章生子》、《借前韵贺子由生第四孙斗老》等。

其四，一般性的客套话。客人来登门拜访或前来庆贺，主客之间要有一些常规的客套话。初次见面主客之间都要表达相见的荣幸感，如《金瓶梅词话》第三十六回：“家童献毕贽礼，然后分宾主而坐。先是蔡状元举手欠身说道：‘京师翟云峰甚是称道贤公，阀阅名家，清河巨族。久仰德望，未能识荆。今得晋拜堂下，为幸多矣。’西门庆答道：‘不敢。昨日云峰书来，具道二位老先生华辀下临，理当迎接，奈公事所羁，幸为宽恕。’”然后要互相问家乡，还有号，以便称呼。说完这些客套话，主人要请客人脱去外衣，意思是在这里用餐，这时客人要假装推辞，表示不愿打扰又不忍离去之意，主人不可以当真，要极力挽留，而且说话要尽量用谦辞,表示对客人的尊重,客人就顺势留下了。如蔡状元当时就说:“学生归心匆匆。行舟在岸,就要回去。既见尊颜,又不遽舍,奈何奈何?”西门庆道:“蒙二公不弃蜗居,伏乞暂驻文旆,少留一饭,以尽献芹之情。”蔡状元道:“既是雅情,学生领命。”然后就脱衣服坐下了。因为客人是文人,所以西门庆主要以饮茶、下棋、看戏的形式来招待他们。

送礼物时双方也要说一番客套话。如《金瓶梅词话》第三十六回,西门庆因为翟谦事先和他打了招呼,蔡状元、安进士都是贫苦出身,暂时还没什么钱,所以准备了礼物,第二天送行宴上,“教两个小厮,方盒捧出礼物。蔡状元是金段一匹,领绢二端,合香五百,白金一百两。安进士是色段一端,领绢一端,合香三百,白金三十两”。尽管蔡状元在逗留期间已经和西门庆说了缺少旅费,但作为受礼方,见了礼物还要客气客气,一要推辞不受,二要说礼物太多,“蔡状元固辞再三,说道:‘但假十数金足矣,何劳如此太多,又蒙厚腆!’安进士说:‘蔡年兄领受,学生不当。’”这时主人仍要谦虚对答,笑容可掬,让受礼者感到很体面,“西门庆笑道:‘些须微赆,表情而已。老先生荣归续亲,在下此意,少助一茶之需。’”这时客人就顺理成章,很有面子地收下了,但要再次表示谢意,“二人俱席上出来谢道:‘此情此德,何日忘之!’”给别人礼物要谦称自己准备得太微薄,这从上文西门庆的话语中已可见一斑,再如《金瓶梅词话》第三十二回,薛太监给西门庆的儿子官哥儿送满月礼,“说道:‘穷内相没什么,这些微礼儿,与哥儿耍子。’西门庆作揖谢道:‘多蒙老公公费心’”。

在访客离去的时候,也有一些客套语,如《金瓶梅词话》第三十二回,薛太监等来西门庆家祝贺得官得子,“当夜前歌后舞,锦簇花攒，直饮至更余时分，方才薛内相起身，说道：‘生等一者过蒙盛情，二者又值喜庆，不觉留连畅饮，十分扰极，学生告辞。’西门庆道：‘杯茗相邀，得蒙光降，顿使蓬荜增辉。幸再宽坐片时，以毕余兴。’众人俱出位说道：‘生等深扰，酒力不胜。’各躬身施礼相谢。西门庆再三款留不住，只得同吴大舅、吴二舅等，一齐送至大门。”这里有这样一道程序，客人要感谢主人的热情款待，同时表示打扰的歉意。而主人表达客人到来给自己带来的荣幸，然后挽留，客人再告辞并施礼，主人再多次挽留，最后客人离去，要同家人送到大门口。如果是远客，客人在临行前一般表达不忍分别和来日相会之意，主人要谦称自己有所怠慢，敬请谅解，因故不能远送之语，之后送到大门口，看着上马或上轿再回去，西门庆送蔡状元和安进士时就是这类客套语。当然，他们之间都是互相利用的关系，所以这些客套语给人感觉很虚伪，但表面上很文雅，也可以起到协调人际关系的作用。

三　吊唁

《太平御览》卷三百八十九记载了这样一则与吊丧有关的笑话：一群粗俗的人去吊丧，但是不懂礼仪，好在其中一个人稍微知道一点儿，就对大家说：“你们随着我就行了。”到了死者灵前，那个领头的跪伏在了席子上，其他人一看没有其他席子，于是一个挨一个伏在前人的背上，领头的生气了，用脚踩了一下后面的人，骂道：“蠢货！”这些人以为这也是应该做的，于是都用脚踩了身后的人，说：“蠢货！”而最后面的人因为临近守灵的孝子，也踩了孝子一脚，说：“蠢货！”这个笑话是由于不知吊唁礼仪引起的，令人忍俊不禁。仔细想想，在现实生活中不太可能发生，但它却给人这样一种提示：古人事死如事生，遇有丧事，亲朋邻里前来吊唁是理所当然的，但吊唁者不应言行举止不当，引起不快，或者闹出笑话，因此熟悉相关礼仪是必要的。在古代，与吊唁有关的礼仪大致有如下几方面。

其一，吊丧的日期。古代称吊祭死者为吊，劝慰死者的家属为唁。人死以后，家属派人四处告知死讯，叫报丧。如果是关系特别近的亲属，可以不用等到别人来报丧，而一般人要等到讣音传来再去。吊丧的日期，可以按就近的原则，如《金瓶梅词话》第六十三回，李瓶儿死，第二日清晨，“夏提刑就来探丧。吊问，慰其节哀。西门庆还礼毕，温秀才相陪，待茶而去”。死者家属一般是在第三天特意招待吊丧的人，所以这一天吊丧的最多。如《金瓶梅词话》第六十三回说“西门庆令温秀才发帖儿，差人请各亲眷，三日做斋诵经，早来赴会”。到了第三天，“街坊邻居，亲朋官长，来吊问上纸祭奠者，不计其数。”如果得知讣音较晚，死者还没有出殡，可以在头七、二七、三七等日子来吊唁。《金瓶梅词话》中胡府尹率官僚前来吊祭就是在李瓶儿头七，并道歉说迟来吊唁是因为得信太晚了。管砖厂工部的黄主事也是得信太晚，在李瓶儿二七的时候才来吊唁。

其二，吊丧的形式。吊丧一般要亲自去，如果客观条件不允许也可以不去，但至少要寄信表达哀情和慰问。《金瓶梅词话》第六十五回写李瓶儿二七，“早修之时，有官安郎中来下书，西门庆管待来人去了。”“下书”就是派人送来吊慰的书信。第六十六回写蔡京的管家翟谦听说西门庆丧妾，因为路远，又太忙脱不开身，所以也写了一封信来告慰。如果身份不对等，也不需要去，可派相应级别的人带着物品去祭吊。如先秦时大臣去世，君王经常去吊唁，但后来大臣去世，皇帝一般是不去的，功勋卓著的大臣，除了厚赐外，可以派皇子去。如《山西通志》卷一百二十二载清康熙年间，大臣陈廷敬去世，“赐紫杉阏器一具，赙银千两，特遣皇子临奠，满汉九卿胥集，又赐御制挽诗”。这里康熙帝就赐给陈廷敬上等棺木，丧葬费白银一千两，又派了皇子去祭奠，还亲自作了挽诗。挽诗也是古代祭奠死者，寄托哀思的一种常用方式，翻开古人诗文集，往往就会看到集中有挽诗数十首，单列一类。朝廷的重臣去世，皇帝为其作挽诗在历史上并不鲜见，明人刘定之的《思贤阡碑》中说北宋大臣刘沆死后，宋仁宗也曾经作挽诗，其中有“此日悲遗直”的句子，这对他的亲属和故里来说是莫大的荣耀，由此刘沆生前居住的地方改名为“遗直里”。《西湖游览志余》卷二记载，南宋灭亡后，度宗的全皇后跟从少帝到了燕京，在正智寺削发为尼。虽然宋元是对头，但她圆寂后，元世祖忽必烈仍然命令朝中文臣作挽诗来祭奠她。可见宋元明清时期，作挽诗已成风气。

其三，吊丧时的冠服。在周代，吊丧时穿戴的冠服是有严格规定的。《仪礼注疏》卷十一载：

> 《周礼》曰：凡吊，当事则弁绖服，弁绖者，如爵弁而素，加环绖也。其服有三：锡衰也，缌衰也，疑衰也。王为三公六卿锡衰，为诸侯缌衰，为大夫士疑衰。诸侯及卿大夫亦以锡衰为吊服。当事则弁绖，否则皮弁，辟天子也。士以缌衰为丧服，其吊服则疑衰也。

上文提到的“弁绖”，是吊丧时戴的丧冠，用白色布作成爵弁的形状，加上环形的绖而成。绖就是麻绳。参加吊唁的衣服有三种：锡衰、缌衰和疑衰。锡衰是用十五升麻，取其中的一半细缕做成布，再用灰漂白，让布变得滑顺了，再做成衣服，是吊服中最重的一种。缌衰也是在十五升麻中选取一半的细缕，但先加灰漂白，然后织成布做衣服。疑衰，用十四升麻，取一半细缕，不加灰漂白就直接成衣，是吊服中最轻的一种。君王吊唁臣子时都戴弁绖，但按照级别的不同穿不同的丧服，吊唁三公六卿的时候穿锡衰，吊唁诸侯的时候穿缌衰，吊唁大夫士的时候穿疑衰。这三种吊服臣子也都可以穿，如《仪礼注疏》卷十一载命妇死，大夫去吊唁，和大夫死，命妇去吊唁，都穿锡衰。

但是后来就没有这么严格了，吊唁者只要穿素服去，妇女不戴贵重艳丽的首饰就可以。比如《金瓶梅词话》第六十三回，李瓶儿死，郑爱月"穿着白云绢对衿袄儿，蓝罗裙子，头上勒着珠子箍儿，白挑线汗巾子，进至灵前烧了纸"。《红楼梦》第十五回来送殡的北静王"头上戴着洁白簪缨银翅王帽，穿着江牙海水五爪坐龙白蟒袍，系着碧玉红鞓带"。宝玉是"戴着束发银冠，勒着双龙出海抹额，穿着白蟒箭袖，围着攒珠银带"。

其四，吊丧时的祭礼。祭礼可分为两类，一类是银钱布帛，供丧葬花费，叫赙，如《金瓶梅词话》第六十六回翟谦给西门庆写信告慰，"书内折封赙银仪十两"。另一种是祭奠死者的供品及香、纸等。祭礼的多少按照亲疏远近和丧葬日期的不同而不同，如《金瓶梅词话》第六十三回，李瓶儿死后第三天，"乔大户、吴大舅、花大舅，门外韩姨夫、沈姨夫，各家都是三牲祭桌来烧纸。"乔大户的女儿和李瓶儿的儿子官哥儿定了娃娃亲，尽管官哥死了，两家仍然称亲家，所以乔大户在李瓶儿死三天时和其他外家亲属送了一样的祭礼，都是三牲祭桌，这是人死三天时的常规祭礼。到了头七，乔大户送的祭礼多了很多，“午间，乔大户那边来上祭：猪羊祭品，吃看桌面，高顶簇盘，五老锭胜，方糖树果，金碟汤饭，五牲看碗，金银山，段帛彩缯，冥纸炷香，共约五十余抬。地吊高跷，锣鼓细乐吹打，缨络打挑，喧阗而至。”可见作为亲家，头七送祭礼要比三日隆重。从上文叙述中可以看出，送祭礼要在中午的时候送。从《金瓶梅词话》第六十六回来看，人死五七日所送祭礼和三日头七等各不同，文中说那天吴道官做道场，“各亲友街坊伙计，送茶者络绎不绝”，可见五七日有送茶的礼俗。

以上是亲戚送祭礼，在同僚送祭礼一般都是约定好的，这样比较方便，也不会因为这个人送得多，那个人送少了产生矛盾和不快。因为来自官方，所以常作有祭文。如《金瓶梅词话》第六十四回写“周守备、荆都监、张团练、夏提刑，合卫许多官员，都合了分资，办了一副猪羊吃桌祭奠，有礼生读祝”。祝就是祝文，也就是祭文，事先拟好，等到吊唁的时候宣读。方外人士送祭礼的方式和普通人差不多，《金瓶梅词话》第六十五回，李瓶儿二七，玉皇庙吴道官来做道场，“庙中抬了三牲祭器，汤饭盘、饼馓、素食、金银锭、香纸之类，又是一匹尺头，以为奠仪。道众绕棺传咒，吴道官灵前展拜。”

吊丧者送祭礼，家属要回礼作为感谢。如《金瓶梅词话》第六十六回翟谦写信并附上赙银仪十两，西门庆嘱托温秀才：“你照此修一封回书答他，就稍寄十方绉纱汗巾，十方绫汗巾，十副拣金挑牙，十个乌金酒杯，作回奉之礼。”再如第六十三回，郑爱月来吊唁，“月娘见他抬了八盘饼馓、三牲汤饭来祭奠，连忙讨了一匹整绢孝裙与他。吴银儿与李桂姐都是三钱奠仪，告西门庆说。西门庆道：'值甚么，每人都与他一匹整绢，头须系腰，后边房儿里摆茶管待。过夜。'"从文中可见，对前来吊唁的人的家属要赠给白绢和头须，白绢用来做孝裙，头须就是孝巾，系在腰上。因为送礼的轻重不同，所以送绢的数量也不同，但因为西门庆不在乎钱，所以尽管吴银儿和李桂姐送的祭礼微薄，也赠了一匹绢。

其五，吊丧时的礼节。正式吊丧的时辰一般是在中午，如《金瓶梅词话》第六十四回，"到晌午，只听鼓响，祭礼到了……众官员下马，在前厅换衣服。良久，把祭品摆下，众官齐到灵前。"从这段话知官员可以穿常服来，然后在死者家前厅换上素服，祭品摆在祭桌上之后，再到灵前来祭奠。

祭奠的时候，要男客在前，女客在后。亲友临吊要行礼，孝子要回礼，家人要陪哭。如《金瓶梅词话》第六十三回，李瓶儿死头七，"官客祭毕。回礼毕，让卷棚内，自有桌席管待，不在话下。然后乔大户娘子、崔亲家母、朱台官娘子、尚举人娘子、段大姐，众堂客女眷祭奠，地吊锣鼓，灵前吊鬼判队舞，戟将响乐。吴月娘陪着哭毕，请去后边待茶设席。"吊唁者行礼的过程是先摆上祭品，然后上香，敬酒，下拜，家属还礼后再去席上饮酒吃东西。如《金瓶梅词话》第六十四回：

薛内相、刘内相早辰差了人，抬三牲桌面来，祭奠烧纸，又每人送了一两银子伴宿分资。因问答应的："祭奠桌面儿都摆上了？"下边人说："都排停当了。"刘内相道："咱每去烧了纸罢。"西门庆道："老公公不消多礼，头里已是见过礼了。”刘内相道：“此来为何？还当亲祭祭。”当下左右接过香来，两个内相上了香，递了三钟酒，拜下去。西门庆道：“老公公请起。”于是拜了两拜起来。西门庆还了礼，复至卷棚内坐下。然后收拾安席，递酒上坐。

如果来吊唁的人是主人的长官，这时亲自点香敬酒就有损尊严，所以届时要有死者家的仆人来代祭，吊唁人只要在旁边站着就行了。如果吊唁人有事或有其他原因不在死者家宴饮，那么也要略坐一坐，饮一杯茶，表示敬重，不是敷衍了事。吊唁者告辞，死者家人要送到大门。如《金瓶梅词话》第六十三回：

西门庆正在卷棚内陪人吃酒，忽听前边打的云板响，答应的慌慌张张进来禀报：“本府胡爷上纸来了，在门首下轿子。”慌的西门庆连忙穿孝衣，灵前伺候。即使温秀才衣巾素服出迎，前厅伺候换衣裳。左右先捧进香纸，然后胡府尹素服金带才进来。许多官吏围随……于是灵前春鸿跪着，捧的香高高的。上了香，展拜两礼。西门庆便道：“老先生请起，多有劳动。”连忙下来回了礼。胡府尹道：“吊迟，吊迟。令夫人几时没了，学生昨日才知。”西门庆道：“不想箧室一疾不救，辱承老先生枉吊。”温秀才在傍作揖毕，与西门庆两边列坐。待茶一杯，胡府尹起身，温秀才送出大门，上轿而去。

死者家属晚上陪灵，来吊唁的人陪伴过夜，称为伴宿，明清伴宿时吊唁人还经常出资叫来戏班子。如《金瓶梅词话》第六十三回，李瓶儿死头七，“晚夕，亲朋伙计来伴宿，叫了一起海盐子弟搬演戏文。”第六十五回，三七，“晚夕，乔大户娘子与众伙计娘子与月娘等伴宿，在灵前看偶戏。”

到了出殡日，亲友还要来祭奠一次，这时要大哭，以示对死者的留恋，之后跟随送葬，叫送殡。如《金瓶梅词话》第六十五回，李瓶儿出殡日，“内眷亲戚都来辞灵烧纸，大哭一场”。送葬的时候，吊唁者要在灵柩和家属队伍的后面，等到停殡或下葬后再离开。如《廿载繁华梦》第四回，邓太太死，“金锣执事仪仗，一概先行。次由周庸佑亲自护灵而出，随后送殡的大小轿子，何止数百顶，都送到庄子上寄顿停妥而散。是晚即准备斋筵，管待送殡的，自不消说了。”如果死者的身份高贵，灵柩经过的途中还有路祭，就是在路上摆设供品，吊祭亡灵。事先在路上搭好祭棚，届时把供桌摆在路边，灵柩过时，便停下，路祭者焚香、祭酒，宣读祭文。如《红楼梦》第十四回就有关于路祭的描写，“走不多时，路旁彩棚高搭，设席张筵，和音奏乐，俱是各家路祭：第一座是东平王府祭棚，第二座是南安郡王祭棚，第三座是西宁郡王，第四座是北静郡王的。”而在《金瓶梅词话》第六十五回的描写中，各家祭棚设在在坟地旁边的平地上：

这里鼓乐喧天，哀声动地，殡才起身，迤逦出南门（县城南门）。众亲朋陪西门庆走至门上方乘马。陈经济扶柩到于山头五里原。原来坐营张团练，带领二百名军，同刘、薛二内相，又早在坟前高阜处搭帐房，吹响器，打铜锣铜鼓，迎接殡到。看着装烧冥器纸札，烟焰涨天。坟内有十数家收头祭祀，皆两院妓女摆列。堂客内眷，自有帏幕……才下葬掩土。西门庆易服，备一对尺头礼，请帅府周守备点主。卫中官员至众亲朋伙计，皆争拉西门庆……那口待人斋堂，也有四五处。

下葬后，主人设席招待，吊唁人就可以散了，这时主人要回谢吊唁人，叫道乏。如《金瓶梅词话》第六十五回李瓶儿下葬后，西门庆派人“拿帖儿回谢周守备、张团练、夏提刑”。第六十七回，西门庆道：“丧事费劳了人家，亲朋罢了，士夫官员，你不上门谢谢孝，礼也过不去。”应伯爵：“正是。我愁着哥谢孝这一节，少不的也谢，只摘拨几家要紧的，胡乱也罢了。其余相厚，若会见，告过就是了。谁不知你府上事多，彼此心照罢。”

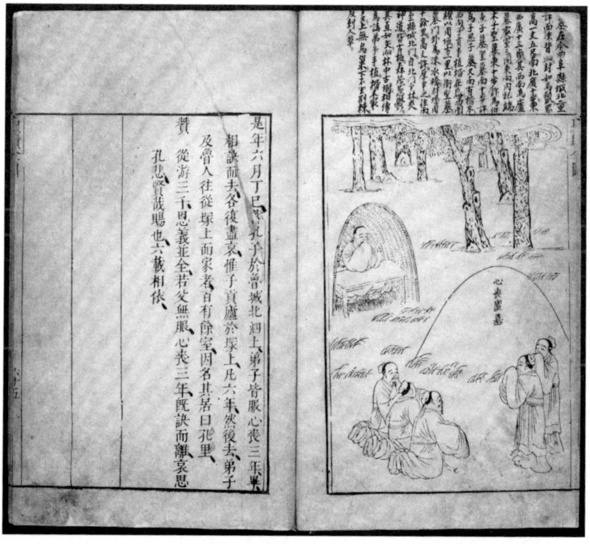

《心丧墓庐》，张楷修、邵以仁增修《圣迹全图》，清刊本

四　书信

在通讯不发达的古代，书信是人们不能见面时最重要的沟通方式，它的历史可以追溯到造纸术发明以前。最初的书信称书而不是信，写在竹简、木牍和绢帛上，一般一尺见方，所以又叫尺牍、尺素、尺翰、尺纸、尺笺、尺题，书信还有书札、手札、信札、玉札、玉函、玉音、瑶函、华翰、朵云、云笺、芝函、飞奴、云间书、青泥书等称呼。古乐府《饮马长城窟行》中有这样的诗句："客从远方来，遗我双鲤鱼。呼儿烹鲤鱼，中有尺素书。"其中的"素"，就是写信用的绢。这首诗的大概意思是女子在家里日夜思念远在他乡的丈夫，忽然有远方来的客人进了门，送给她两条鲤鱼。她打算用这两条鱼来做一顿美餐，剖开鱼肚的时候，却意外发现了里面有丈夫用绢写的家信，多么浪漫的故事啊，这就是今天"鱼雁传书"这个成语的来源之一。不过汉代的时候，人们写信，怎么写还很随意，随着社会的发展，人们的交际越来越频繁，书信在格式特别是用语方面的讲究也越来越细致。到魏晋时期，关于写信的"书仪"即各类书信的规范就出现了。隋唐及以后，优雅的书面礼仪广泛地流行起来，给人以独特的审美感受。

古代的书信和现在一样，一般由起首语、问候语、正文、祝愿语和署名这样几个部分构成。书信的开头称为起首语，起首语有很多方式，以"三苏"即苏洵、苏轼、苏辙父子集中的书信为例：

苏洵《上韩昭文论山陵书》："四月二十三日将仕郎守霸州文安县主簿礼院编纂苏洵惶恐再拜上书昭文相公执事。"

苏轼《答陈师仲书》："轼顿首再拜钱塘主簿陈君足下。"

苏轼《答李荐书》："轼顿首先辈李君足下。"

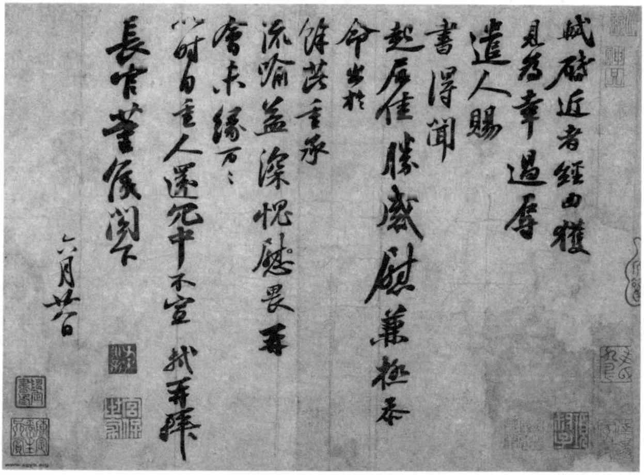

苏轼《致长官董侯尺牍》，台北"故宫博物院"藏

苏轼《上韩魏公论场务书》："轼再拜献书昭文相公执事。"

苏轼《与曾子固书》："轼叩头泣血言。"

苏轼《上韩丞相论灾伤手实书》："史馆相公执事。"

苏轼《上韩魏公乞葬董传书》："轼再拜。"

苏轼《答秦太虚书》："轼启。"

苏辙《答徐州陈师仲书二首》："辙白陈君足下。"

第一封苏洵书信的起首语最全面，其中有写信日期，自己的官阶、职务、姓名、所行礼节和对方的字、职务和尊称。苏轼《答陈师仲书》的起首语有自己的名，加上礼节、对方官职、对对方的尊称，其余那些书信起首语的组成成分都在这一范围内，只是有所省略，或者只有本人的名和所行的礼节，或者只称对方的职务，总之来看，起首语可以不拘一节，但收信人的地位越尊贵，起首语就越完备。起首语所涉的礼节中，"叩头泣血"是比较特殊的，联系书信的内容，苏轼是想请曾巩即曾子固给自己的祖父作一篇墓志铭，所以在一般的情况下，如果不是涉及已故的长辈，不能用这样的写法。

起首语中也有自己与收信人的关系性称谓。如《红楼梦》第三十七回写宝玉住在大观园怡红院，正感到无聊的时候，探春派丫环翠墨送来了一副花笺，起首语是“娣探谨奉二兄文几”。“娣”的意思为女弟，就是妹妹的意思。贾宝玉排行第二，所以称“二兄”。这一回还写到贾芸给贾宝玉送白海棠花。贾芸是贾府的旁系子孙，贾宝玉的侄辈，家境不好但长得很秀气，贾宝玉第一次见到贾芸的时候，开玩笑说感觉他像自己的儿子。尽管贾芸比宝玉大好几岁，但是为了巴结上宝玉，在贾府能吃得开，他不得不忍辱负重，顺着宝玉一句话，宁愿承认自己是儿子，所以他趁给大观园置办花木的机会，亲自给贾宝玉送了一株白海棠，并在信笺开头写道：“不肖男芸恭请父亲大人万福金安”，体现了父子关系。

以上各例中涉及的“执事”、“足下”、“文几”、“大人”都是对对方的尊称，与此类似的再如阁下、台座，宋代王安石《回文太尉书》的起首语：“某再拜留守太尉仪同台座。”清代的沈彤《与望溪先生书》的起首语：“闰三月二日彤顿首望溪先生阁下。”此外，还有尊前、侍前、侍下、座下、座前、撰席、史席、函丈、侍侧、帐下、妆次、奁次、妆阁、懿座等，这些词汇根据收信人的不同身份，即长辈、师父、女性或女长辈而使用。起首语中的“上书”、“献书”、“谨奉”之类又叫启禀语，具体用什么要根据与对方的关系，如对尊长用敬禀、谨禀、书呈、上状等，对平辈用敬启、敬书等，对晚辈或下属就用字付、字与、书寄等，不需用敬、恭等词。

有的书信开头在使用相应尊称外，还加上对方看信这一动作的敬词，如赐览、赐鉴、崇照、惠览、台鉴、清照、朗照等。《廿载繁华梦》第三十八回周庸祐家被抄，周庸祐逃到了上海，想给夫人马氏拍电报，但害怕被人知道地址，于是写了一封信，开头的称呼语就是“马氏夫人妆鉴”。

起首语之后是问候语，一般从时令、气候的角度来切入，或者回想上次见面或通信的时间，倾吐思念、关切的心情，这样就使收信人心里感到很温暖很舒服，仍以苏轼和王安石的书信为例，如苏轼的《黄州上文潞公书》，“轼再拜：孟夏渐热，恭惟留守太尉执事，台候万福。”《与刘宜翁书》，“轼顿首宜翁使君先生阁下：秋暑，窃惟尊体起居万福。轼久别，因循不通问左右，死罪死罪。”《答李琮书》，“轼启：奉别忽然半年，思仰无穷。”王安石《与吴司录议王逢原姻事书》，“某启：新正，伏惟二舅都曹尊体动止万福。向曾上状，不审得达左右否。”

正文中的措词，也要处处地体现礼敬。如果接到对方的书信，要用赐书、辱书等词，如苏轼《答安师孟书》：“辱书为贶过厚。”《答张文潜书》：“久别思仰，到京公私纷然，未暇奉书，忽辱手教，且审起居佳胜，至慰至慰。”《答黄鲁直书》：“今者辱书词累幅。”“辱书”、“辱手教”就是对方给自己写信使对方受到侮辱的意思，表示自己在下，而给对方写信则称“奉书”，奉有呈上的意思，表示对方在上，都充满了礼敬。清人程世爵《笑林广记》中有一则《万字信》，说一个人写信，语言太罗嗦，他的朋友建议他说：“老兄您的文采很好，就是应该把一些多余的话去掉，以后写信，言简意赅就行了。”这人满口答应，后来又写信给朋友感谢说：“前承雅教，感佩良深。从此，万不敢再用繁言，上渎清听。”“承”

是承蒙、承受，是敬词，“雅教”是平辈对自己有所指教的敬词，“万不敢再用繁言，上渎清听”，即我万万不敢再用那些啰嗦话写信给您，亵渎了您的耳朵，这样说话显得对朋友很尊敬，证明本人很虚心地接受他的意见，可见这个人的词采的确很好。不过这是一则笑话，写信人虽然主观上接受了，客观上还是犯了啰嗦的错误，他在“万”字旁注曰：“此万字，方字无点之万字，是简慢之万字也。本欲恭书草头大写之萬字，因匆匆未及大写草头之萬字。草草不恭，尚祈恕罪。”这个画蛇添足的注释令人忍俊不禁，不过从注释中“恭书”、“草草不恭，尚祈恕罪”这些词汇仍能看出他对对方的礼敬，至少表面的礼节上是没犯错误的。表示礼敬的词汇再如对尊长的来信，要用谕、示等词，以表庄重。如苏洵《答雷太简书》，“太简足下：前月辱书承谕。”王安石《答许朝议书》，“某启：连得诲示，岂胜感慰。岁暮冱寒，想比日安佳。”

书信中遇到对方及其祖、父的名讳，应该避开。一般也不要你、我这类人称代词，要用阁下、足下、弟、晚生、吾弟、愚兄等来代替。如清代郑板桥在《范县署中寄舍弟忍第二书》中写道：“吾弟所买宅，严紧密栗，处家最宜。只是天井太小，见天不大，愚兄心思旷远，不乐居耳。”对弟弟买的宅子不太中意，信中郑板桥提到离家不远处，有一处旧宅空地，比较宏敞，于是又嘱咐说：“吾弟当留心此地，为狂兄娱老之资，不知可能遂愿否？”书信中对对方亲属的死字要避讳，用婉词来代替。如《金瓶梅词话》第六十六回，翟谦给西门庆的信中，提到李瓶儿死，是这样表述的，“迩者因安凤山书到，方知老亲家有鼓盆之叹，但不能一吊为怅，奈何奈何？伏望以礼节哀可也。外具赙仪，少表微忱，希莞纳。”庄子的妻子去世，庄子不哭泣，反而击打瓦盆在那里唱歌，后来就用“鼓盆”指代丧妻，这样表述非常婉转，免得引起对方的哀痛和不被尊敬的感觉。因为书信崇尚文雅，所以即使自己生病，有时也委婉来表达，如《红楼梦》第三十七回，探春给宝玉的信中说：“前夕新霁，月色如洗，因惜清景难逢，讵忍就卧。时漏已三转，犹徘徊桐槛之下，未防风露所欺，致获采薪之患。昨蒙亲劳抚嘱，复又数遣侍儿问切，兼以鲜荔并真卿墨迹见赐，何痌瘝惠爱之深哉！”说前天晚上雨过天晴，月色婉媚，她在外面赏月直到深夜，没想到受了风寒，“采薪之患”就是指自己体力不支不能打柴了，也就是病的婉称，这样读起来让人觉得很有蕴味。

如果邀请或请求别人办事，也要婉转、恭敬地说明。如探春在信中约宝玉参加海棠诗社。“若蒙棹雪而来，娣则扫花以待。”“棹雪而来”就是乘兴而来，《世说新语 · 任诞》记述王子猷冒雪乘舟访戴安道，但是到了戴家门外就回来了，人问他为什么，他说我是“乘兴而行，兴尽而返”，何必见戴？“扫花以待”源自杜甫《客至》诗：“花径不曾缘客扫，蓬门今始为君开。”借此表达主人待客的恭敬和诚意，高雅脱俗。难怪宝玉见了信，“不觉喜的拍手笑道：‘倒是三妹妹的高雅，我如今就去商议’”。马上就去赴会。

书信中叙事完毕，末尾要有祝愿语，一般也是从季节、时令出发，请对方保重。如苏轼《答黄鲁直书》：“秋暑，不审起居何如，未由会见，万万以时自重。”《答秦太虚书》：“岁晚苦寒，惟万万自重。”《答李琮书》：“惟冀以时自重。”如果对方是地位较高的大臣，要劝其从国家的利益出发而保重身体，如苏轼《与章子厚书》：“秋冷，伏冀为国自重。”苏轼给王安石的《上荆公书》：“秋气日佳，微疾想已失去，伏冀顺时候，为国自重。”或者用敬词加祝福语，如用敬请、恭请、叩请、敬颂、顺祝、顺颂、敬祝、即颂之类加上福安、金安、颐安、教安、教祺、诲安、春祺、冬祺等，只是要注意尊长和卑幼的区分。另外女性适用懿安，礼安二字只用于有丧事之人。问候语之后是落款，署名后也以文字的形式行礼，如顿首或拜首等，《廿载繁华梦》第三十八回周庸祐给夫人马氏的信末这些写："敬问贤助金安"，"愚夫周庸祐顿首"。况周颐《蕙风簃小品》第二辑《清丽函稿》中记载某校书寄某君函稿，"末署'沐爱某名肃拜'，清代军府末弁。对于所隶自称'沐恩'，此'沐爱'二字仿之，殊新隽"。书写的时候，落款中顿首之类表示礼节的词通常要比正文的字号大出很多。落款中表示礼节的词后面，经常还要根据关系写敬词，如可按尊卑用叩禀、敬叩、拜上、谨启、鞠启、手书、字、示、白、谕等。贾芸给贾宝玉送白海棠花，信末云："奉书恭启，并叩台安"，"男芸跪书"。郑板桥《范县署中寄舍弟墨第三书》末署："乾隆九年六月十五日哥哥字。"《焦山双峰阁寄舍弟墨》末署："雍正十三年六月十日哥哥寄。"

如果署名之前加"制"字，表示写信人在守制服孝，所以一般书信的落款中不可以加这个字。清代游戏主人所辑《笑林广记》卷一《得制字》记载了这样一个笑话，说一个书生看见有人投"制生帖"，觉得"制"字很新奇，碰巧要写信，于是就仿照"制生帖"落款。仆人送信回来，书生说："他见信说了什么话？"仆人说："收信人当面打开看了，就问我你家老相公没什么病吧？又问你家老夫人身体好不好？我说都好。他想了半天，笑着进了书房，才写回信。"书生非常高兴，说："人不能不学习呀，只要一个字用得恰当，人家就把我一家人都问候到了。"其实他最终也没有明白，他的朋友这样问是见了带"制"字的落款，以为他父母的身体出了问题。

书信中对对方的称谓和与对方有关的事物、动作等如高祖、双亲、起居、慈颜、训令、福安等字样，除了用尊称和敬词外，还以格式来表示，具体有抬头、空格、抬头和空格兼用三种方式。抬头就是另起一行并高出正文的水平线，超出三个字的叫三抬，两个字的叫双抬，一个字的叫单抬。采用哪种抬写的方式是看书信中的最高称谓是什么，如果书信中同时出现了祖父大人、父亲大人和兄长，那么祖父大人用三抬，父亲大人用双抬，兄长用单抬。空格又叫挪抬，或阙，和抬是对应着的，如果应抬几抬就空几格，一封信中可以抬和空格并用。但古人在写信的时候不完全是这样一个原则，有些时候还有这样的处理，就是该变格式的时候都平抬，就是另起一行，与正文齐平，或者空两格或一格书写。如《金瓶梅词话》第六十七回西门庆给翟谦的信：

寓清河眷生西门庆端肃书复

大硕德柱国云峰老亲丈大人先生台下：自从京邸邂逅，数语之后，不觉违越光仪，倏忽半载。生以不幸，闺人不禄，特蒙亲家远致赙仪，兼领诲教，足见为我之深且厚也。感刻无任，而终身不能忘矣。但恐一时官守责成，有所疏陋之处，企仰门墙，有负荐拔耳。又赖在

老翁钧前，常为锦覆，则生始终蒙恩之处，皆亲家所赐也。今因便鸿，谨候起居，不胜驰恋，伏惟照亮。不宣。外具扬州绉纱汗巾十方，色绫汗巾十方，拣金挑牙二十付，乌金酒钟十个，少将远意，希笑纳。

这封信里用了两个平抬，一是起首语“寓清河眷生西门庆端肃书复大硕德柱国云峰老亲丈大人先生台下”，从“大硕德”开始是对翟谦的尊称，所以另起一行，因为开头空二格，所以也空二格。二是“又赖在老翁钧前，常为锦覆”，翟谦是蔡京的管家，经常在蔡京面前给西门庆进美言，也就是“锦覆”，所以老翁指蔡京，为了表示尊重，另起一行，因为是在正文中，所以和正文的平线看齐。

从以上所举各例来看，古人书信的语言形式比较随意，大多用散文来写，也有用骈文的。况周颐《蕙风簃小品》第二辑《洪秀全等诗文品录》记载金陵和苏州同时被清军围困，李秀成守苏州，不能分兵前去救援金陵，于是写了一封短札给洪秀全，用的就是骈文，可惜这封信最终被清军截获了。其中《清丽函稿》条还记载了某校书的函稿，全文都是四言，而上文所引探春给宝玉的信是骈散相间的。另外有些人用诗词来代替正文，也充满了文人雅趣。至于书信的字体，大多用隶书、楷书或行草，对尊长或者新结识的友人，则忌讳用草书。

古时的信纸多用行笺，一般是白纸，或者朱丝栏行笺，文人之间也有彩笺。相传彩笺始于唐代的女诗人薛涛，宋代已经很流行了。如晏殊《蝶恋花》词有句：“欲寄彩笺无尺素，山长水阔知何处。”公文十行，私人信件八行。如果写信人在服丧期间，常用青丝栏行笺。信写完以后，怎么折叠也有讲究。通常是字迹向内，先直着叠，再横着折叠一次，大小如信封一样。如果是报凶问或者绝交，则字迹向外。

信纸折叠完了，要是涉及机密或个人的隐私等不想外泄的信息，最好是把它封上。最初的信件写在木牍上，人们取另外一块同样的木牍盖在有字的那一面，称为检，检的上面写好收信人的姓名、地址，称为署。然后把牍和检一起捆起来，用绳子系牢，称为缄。在绳结处用软泥封住，上面再加盖印章，作为凭记，如果印章破裂了，那就证明信的内容十有八九被人偷看了。这个习惯一直被后代沿用，只是用来写信和信封的材料变成纸质的。《金瓶梅词话》第六十七回西门庆看完温秀才拟好的给翟谦的回信，“将书誊付锦笺，弥封停当，御了图书”，图书就是手戳、图章，可见明代仍然是把信封好，信封上盖上寄信人的图章。清代的信封出现了较为统一的形式，是信封的中间粘上一条红纸，专门在上面写收信人的信息，在收信人称谓之后用俯启、赐启、台启等词，表示尊敬。若是唁信，信纸和签都要用栗色，字用“素启”，背面也不盖图章。报丧的信纸要用纯白纸，红签翻贴，上面也用“素启”。另外，司马光《书仪》卷一说：“凡人得家书，喜惧相半，故平安字不可缺，使见之则喜。”就是说家书的信封上要写“平安”二字，这样家里人一拿到信，心里就有了底，免得忐忑不安。

第四章 岁时节令

我国是一个重视传统的国家，因此形成了很多节日，与之相关，节日礼仪也源远流长，丰富蕴藉。

一 除夕

除夕是腊月二十九或三十，是农历年的最后一天。为了迎接新年的到来，换桃符、贴门神、春联、福字和年画等准备工作都要在这天做好。如果家里宅院太多，这些活儿一天干不过来，可以提前几天开始。如清代宫中腊月二十四就安设万寿灯，腊月二十六就开始挂春联、门神。《红楼梦》第五十三回也写到，贾府“腊月二十九日，各色齐备，两府中都换了门神、联对、挂牌，新油了桃符，焕然一新。宁国府从大门、仪门、大厅、暖阁、内厅、内三门、内仪门并内塞门，直到正堂，一路正门大开，两边阶下一色朱红大高照，点的两条金龙一般”。总之，到了除夕晚上迎新的准备都要做好。

桃符起源很早，周代人认为五行中的木和王德相配，所以悬挂桃木，到了过年的时候就更换一次。汉代的桃符是两块桃木板，挂在门上，而且出现了神荼和郁垒的形象。神荼和郁垒的长相都很凶，但专门为人们做好事。传说这两位神仙住在茫茫大海中的度朔山，山上方圆三千多里都是茂密的桃树。东北角有一个门，是各种鬼魅进入人间的必经之处，神荼和郁垒就守在这里，如果有恶鬼进来，就用芦苇编的绳子把他们捆起来，扔给老虎吃，所以人们觉得，把神荼和郁垒刻在桃符上可以镇邪，阻挡妖魔进门。

后来人们发明了纸张，利用越来越普及，人们也把神荼和郁垒当作门神印在纸上，但桃符依然盛行。到了唐代的时候，桃符上和纸画的门神开始有区别了。唐代的门神流行秦琼和尉迟恭。据说太宗李世民发动玄武门之变，杀死了自己的哥哥，逼迫父亲让位给他以后，经常心里不安，晚上睡不着觉，还能听到鬼哭，于是派大将秦琼和尉迟恭两个人穿着铠甲、手拿武器站在寝宫门口守卫，果然这下就睡安稳了。但是也不能让这两员大将天天来守夜站岗，他们毕竟不是宫中的侍卫，还有很多自己的事情要做，所以太宗就命令把他们两个的画像贴在门上，这样宫中就再也没有听见鬼的哭声，太宗也睡得很好。秦琼字叔宝，擅长用双锏，尉迟恭字敬德，擅长鞭，所以门神画上画的是他们挥锏舞鞭的样子，而他们的名字经常写作秦叔宝和尉迟敬德。门神因为是守门之神，所以一般只贴在大门外。

对联就是春联、对子。春联的统一张贴是在明太祖朱元璋时期，因为朝廷有令，所以全国上下一致实行。春联一般用红底黑字或金字，包括上联、下联和横批，上联、下联要对仗，横批要和上下联吻合。如上联“笛弄梅花曲”，下联“莺啼杨柳风”，横批是“丽日抒怀”。北京和周边地区还盛行挂钱，是在长约一尺的长方彩纸上，刻上福、禄、寿、喜之类的字或吉祥花鸟等，取一张或几张不同颜色的挂钱贴在横批的下面，在轻风中微微飘动，非常雅观。

福字可以贴在门上，也可以贴在墙上。清代开始流行倒贴，取谐音“福到”之意。清代宫中的福字由皇帝来写，而皇帝还给大臣亲自写福字，因为数量比较大，《国朝宫史》卷五记载，皇帝赐福字给宫中和大臣的仪式从腊月初一就开始了。这天懋勤殿的大太监要把带有龙纹的纸笺、大号毛笔和大墨缸在重华宫摆好，皇帝要用“赐福苍生笔”写十几个福字赏赐给各宫。从这以后，如果各地的将军和督抚上奏的信函到了，皇帝就写福字，连同批示一同封起来赐给他。腊月十五、十六，命御前大臣、侍卫到重华宫来领福字。腊月二十六七诸王大臣和内廷翰林等到乾清宫来领福字。到时候臣子们要先在台阶下面等候，皇帝当场挥墨，每写一个字，大臣就来一位，到御案前跪着，全写完了，大家一起磕头谢恩。两个太监捧着书案，大家随着出来，挨个跪下领取。

如果是在服丧期，门神、对联、福字就不贴。如《钦定大清会典则例》卷八十五载雍正皇帝即位当年，因为正在为康熙帝服丧，所以只有中宫殿和中门照常张贴，而雍正帝居住的养心殿和宫内其他地方都是过三年再贴。

年画是从桃符和门神演化而来的，宋代时就已经出现了，不过那时主要是木刻年画，后来才流行纸质的年画。古代的年画最初的内容比较简单，以喜庆吉祥的美人、胖娃娃、花鸟、五谷、神仙、春牛、鲤鱼等为内容，主要是烘托欢乐祥和的氛围。后来随着明清戏剧小说的发达，印刷技术的进步，才出现了带有故事情节的年画，如鸿门宴、三顾茅庐、白蛇传、西游记等。

祭祖是过年的大事，有些地方流行全族人在元日一同祭祀，而有些是在除夕。据《红楼梦》第五十三回的记叙，贾府除夕和元日要分别祭祀，而除夕的典礼非常详细，从中我们可了解到贵族大家祭祖礼仪的完整过程，入了宗祠：

> 贾府人分昭穆排班立定：贾敬主祭，贾赦陪祭，贾珍献爵，贾琏、贾琮献帛，宝玉捧香，贾菖贾菱展拜毯，守焚池。青衣乐奏，三献爵，拜兴毕，焚帛奠酒，礼毕，乐止，退出。众人围随着贾母至正堂上，影前锦幔高挂，彩屏张护，香烛辉煌。上面正居中悬着宁荣二祖遗像，皆是披蟒腰玉；两边还有几轴列祖遗影。贾荇贾芷等从内仪门挨次列站，直到正堂廊下。槛外方是贾敬贾赦，槛内是女眷。众家人小厮皆在仪门之外。每一道菜至，传至仪门，贾荇贾芷等便接了，按次传至阶上贾敬手中。贾蓉系长房长孙，独他随女眷在槛内。每贾敬捧菜至，传于贾蓉，贾蓉便传于他妻子，又传于凤姐尤氏诸人，直传至供桌前，方传至王夫人，王夫人传于贾母，贾母方捧放在桌上。邢夫人在供桌之西，东向立，同贾母供放。直至将菜饭汤点酒茶传完，贾蓉方退出下阶，归入贾芹阶位之首。凡从文旁之名者，贾敬为首；下则从玉者，贾珍为首；再下从草头者，贾蓉为首；左昭右穆，男东女西；俟贾母拈香下拜，众人方一齐跪下……一时礼毕，贾敬贾赦等便忙退出，至荣府专候与贾母行礼。

宗祠就是摆祖宗牌位的地方，家中辈分最高的男子来主祭，要献三次酒，行礼，然后把帛烧掉，旁边还有乐队伴奏。正堂中挂的是祖先的影像，在这里敬菜饭、汤点、酒茶，由仆人端到仪门，贾府的小辈男性先接着，按辈分逐次传到辈分最高的男性那里，再由长房长孙传到辈分最低的贾府媳妇手中，再按辈分逐次上传，最后传到辈分最高的贾母的手里，贾母把供品放到供桌上。最后贾家男的在东，女的在西，按照辈分和长幼的顺序站好，在贾母的带领下一起行礼。这个过程是非常严肃和缓慢的，体现了大家族的秩序和威严。

接下来是家里人给辈分最高的贾母行礼，这回是按照从高到低的辈分来的。文中写道，贾母回府归了座：

只见两三个老妯娌已进来了。大家挽手，笑了一回，让了一回。吃茶去后，贾母只送至内仪门便回来，归正坐。贾敬贾赦等领诸子弟进来。贾母笑道：'一年价难为你们，不行礼罢。'一面说着，一面男一起，女一起，一起一起俱行过了礼。左右两旁设下交椅，然后又按长幼挨次归坐受礼。两府男妇小厮丫鬟亦按差役上中下行礼毕，散押岁钱、荷包、金银锞，摆上合欢宴来。男东女西归坐，献屠苏酒、合欢汤、吉祥果、如意糕毕，贾母起身进内间更衣，众人方各散出。那晚各处佛堂灶王前焚香上供，王夫人正房院内设着天地纸马香供，大观园正门上也挑着大明角灯，两溜高照，各处皆有路灯。上下人等，皆打扮的花团锦簇，一夜人声嘈杂，语笑喧阗，爆竹起火，络绎不绝。

可知行礼的过程中，奴婢也会得到押岁钱等赏赐。进献的“屠苏酒、合欢汤、吉祥果、如意糕”从名称看都是象征吉祥的饮食。不仅贾府各处都点着灯，除夕整夜点灯是民间通行的习俗，还有很多人家整夜不睡，围在火炉边吃东西，说笑话，称为守岁。

二　元日

元日就是春节，农历正月初一，是汉武帝颁布太初历后正式确立的节日，又叫元旦、元朔、新正、正旦等，意味着新的一年开始。良好的开端是成功的一半，人们都希望团团圆圆、平平安安、热热闹闹地过上一个春节，预祝在新的一年里万事如意，所以元日自然就成为一年当中最隆重的节日。

贴春联、福字等准备工作在除夕已经完成了，所以元日人们要做的主要是朝拜、祭祖和拜年等活动。汉代的时候，百官要在元日的清早去朝贺，叫做元日朝会。届时大臣给皇帝行礼祝贺，皇帝要赐礼物，一起宴饮，欣赏歌舞和杂技，然后各自回家团聚。元日朝会在后代成为惯例，隋代以后，少数民族和附属国的使臣也来奉礼朝会，而皇宫的内部也形成了很多繁琐的仪礼，细节我们可以从《国朝宫史》所载清初元日的宫廷礼仪来详细了解。根据卷五《典礼》记载，清代的元日这天，皇帝和皇后特别辛苦，因为他们半夜子时的时候，就要到坤宁宫的神位前去上香。如果太后在，一大清早皇帝就得率领着百官，皇后率领着妃嫔、公主、福晋和命妇到太后居住的慈宁宫去行礼。仪式上，先进献庆贺表文，大臣们按照自己的身份站在相应的位置上，然后皇帝穿着礼服从乾清宫出来，在慈宁宫门外正中等候，一切准备就绪，请太后出宫就座，皇帝等人行三跪九叩礼，请太后回宫，皇帝再回宫。之后轮到皇后等人行礼，先是稍微改变一下乐器和拜褥的位置，公主和命妇各就位后，请皇后和妃嫔出寝宫，来到慈宁宫依次站好，再请出太后，皇后等人行六肃三跪三拜礼，退下，皇子、皇孙再来给太后行三跪九叩礼。接下来就分两条线进行，皇后回到自己的交泰殿，礼部官员进百官贺表，妃嫔、公主等行礼，之后皇子、皇孙来行礼，而皇帝则在乾清宫接受百官朝贺。皇后接受妃嫔等人的行礼后，要率领她们在乾清宫东、西暖阁里面等候，等大臣们都回家了，皇后等人再给皇帝行礼，然后设宴。因为繁文缛节太多，虽然很喜庆，但一天下来非常疲惫。

清《万国来朝图》，故宫博物院藏

势力较大的贵族家庭，在元日这天也是非常忙乱的。如《红楼梦》第五十三回写元日“五鼓，贾母等又按品大妆，摆全副执事进宫朝贺，兼祝元春千秋。领宴回来，又至宁府祭过列祖，方回来受礼毕，便换衣歇息”。累得贾母吩咐所有贺节来的亲友一概不见，让其他人来接待。到了普通的官宦人家，就少了很多礼仪形式，但祭拜天地、来往送礼庆贺等活动一般是不能少的，我们从《金瓶梅词话》第七十八回的叙述可以了解到一般官宦人家的元日礼俗：

新正月元旦，西门庆早起，冠冕，穿大红，天地上炷了香，烧了纸。吃了点心，备马，就出去拜巡按、贺节去了。月娘和众妇人早起来施朱敷粉，插花插翠，锦裙绣袄，罗袜弓鞋，妆点妖娆，打扮可喜，都来后边月娘房里，厮见行礼。那平安儿与该日节级在门首接拜帖儿，上门簿，答应往来官长士夫。玳安与王经穿着新衣裳，新靴新鞋，在门首踢毽子儿，放炮仗，又嗑瓜子儿，袖香桶儿，戴闹蛾儿……后边大厅，摆设锦筵桌席，单管待亲朋。花园卷棚，放下毡帏暖帘，铺陈锦裀绣毯，兽炭火盆，放着卜桌，都是销金桌帏，妆花椅垫，盘装果品，瓶插金花，筵开玳瑁，专一留待士大夫官长。

从上文描述可见，元日这天全家上下要穿着喜庆，一家之主到长官家里去拜访，妇女则盛妆打扮，相互见礼。在大门口有家奴接受拜年人送来的拜帖并登记，还有几个做游戏，放炮仗的。炮仗就是鞭炮，又称爆竹，在汉代的时候就出现了，但那时的爆竹可谓真正的“爆竹”，因为还没有火药，只是把真的竹子放在火里烧，发出啪啪的响声，据说这样可以驱除山鬼。火药发明以后，人们想出用纸卷上少量的火药放进竹筒里的办法，果然爆炸声响亮多了，于是带有“火药味”的爆竹就产生了，以后的爆竹变成了纸质外壳，而样式则不胜枚举了。到了明代，鞭炮的制作技艺已经成熟很久了，所以西门庆家的仆人放的是现代意义上的鞭炮。“袖香桶儿，戴闹蛾儿”，就是在袖子里放上香袋，用纸或者绢剪成春蛾的样子贴在鬓角上，都有迎春驱邪的意味。我们还可以看到西门庆在大厅设宴款待亲朋，而花园里招待官员的宴席有十桌，可见春节不但是亲人们交流感情，还是官员增强联系的好时机。

在普通百姓家，元日才是最无忧无虑的。袁景澜《吴郡岁华纪丽》记载，苏州一带人本来就崇尚享乐，加上当地的文化历来发达，所以民间过年非常热闹，讲究也非常多。元日这天鸡叫的时候就要开门放鞭炮，称为开门爆仗。要悬挂百神图轴在正厅，燃烛点香，拜神祈福，还要挂祖先的画像，点亮香灯，摆上茶果、粉丸、糍糕、糖饼等物，率妻子拜祭。人们要四处去投拜帖，相见要赠果子，说吉利话，或者吃却鬼丸和熟鸡蛋，称为炼形。新年招待客人，要把多种糖果杂放在一个漆盘里，其中粘牙的粘糖是人们最喜爱的。这天人们在锅里爆米花，老少都放一粒，以爆出花的大小定输赢。吃饭的时候，要给老人倒上花椒泡的酒，预祝他长寿，倒梅花酒祝他越来越年轻，倒屠苏酒则是为了消除瘟疫。如果扫地，到别人家乞火种，从井中汲水，或者用针线缝东西，剪刀剪东西，都会认为是犯了忌讳，不吉利。

元日这天只是人们过年的开始，一直到正月十五，都是庆贺新年的日子。从初二开始，距离较远的亲属之间就可以相互走动，请吃拜年酒了，新媳妇要带着新郎回娘家拜年。如果初一到初五拜年，称为拜早年，初六到十五拜年就是拜晚年了。初二开始可以扫地，初三那天把香烛和素菜摆在井边祭拜，揭开除夕那天封在井上的封条，就可以打水了。另外从初一到初八，人们分别定为鸡、狗、猪、羊、牛、马、人、谷日，代表了人口平安、六畜兴旺、五谷丰登的美好愿望。其中人日比较特殊，有的地方吃七种食物拼起来的拼盘，有的地方吃煎饼，击鼓唱歌，但普遍忌杀生，因此这一天不能处决犯人。

三　元宵

正月十五是元宵节，又叫上元节，灯节。元宵节据说起源于道教，汉代的时候，正月十五要祭祀道教的太一神，仪式从黄昏开始，直到第二天早上才结束，所以这天晚上允许老百姓出行游玩。按照汉代法律的规定，平时二更天以后人们不许上街，有卫士来回巡逻，抓到了要受罚，所以晚上能聚众玩耍的日子唯有元宵节了，当然要尽情狂欢。但东汉以前，人们只是晚上到街上去玩，还没有特意点灯。东汉明帝时，因为有西域的僧人前来传法，受佛教的影响，宫廷和寺院到处都张灯结彩，气象非凡，这种风气迅速扩展，老百姓的庭院里也高高地挂上了大大小小的灯笼，形成了一道道美丽的景观。到了后来，制作灯笼的技艺越来越先进，出现了绢制、纸质的各式各样的花灯，如绣球灯、走马灯、莲花灯、玉皇灯、五谷灯等。灯的摆设更加讲究，有把竹竿放在楼阁上，插上松柏枝挂灯的，叫做天灯。有的横着竹竿，逐层放灯像塔形一样，称为塔灯。或者架上木头，用绳子来控制灯的高低，形成桥状，叫做桥灯。乡村则扎上棚，四周都挂上杂七杂八的灯，在棚里面左转右转，像是走迷宫，经常人进去就眼花缭乱，左绕右绕出不来了，叫做黄河九曲灯。还有些小灯随便放在角落井旁的，叫做散灯。如此等等，花样繁多。

人们的兴致越来越高，统治者也越来越重视。唐代的时候元宵节张灯三天，宋代扩充到五天，明代最盛。太祖朱元璋立国之初凡事都非常节俭，可是元宵节却破例允许张灯十天，从初八开始，到十七日才结束。明成祖朱棣即位以后，官员的元宵节假期竟长达十天。宫中的彩灯十分奢华，乾清宫的台阶上有七层牌坊灯，而寿皇殿的鳌山灯最高的竟然达十三层，宫中的太监和嫔妃们都可以来看灯，但要穿绣着灯景的补服。放一些特别奢侈的烟花，在明代的中后期不是稀罕事，成化年间，大臣马士英献上烟火一架，总价值五百两银子，点燃后像飞龙盘绕着殿柱。明末镇守边关的大臣点一架烟火有值千两银子的，可见享乐太甚，终至亡国。清代的元宵节，乾清宫的万寿灯和天灯从正月十四点燃，一直持续到十八日才出灯。皇帝有时会在乾清宫招众位大臣来宴饮，晚上宫里面放烟火，皇帝率领妃嫔们一起看。那时的烟花爆竹更先进了，袁景澜《吴郡岁华纪丽》卷一《放烟火》记载清代放烟火用一丈高的架子，架子上多的时候放五层盒子。这些架子有寿带、葡萄架、珍珠帘、长明塔等名字，炮仗有声的叫响炮，带炮连声的叫三级浪，高高窜起的叫流星，在地上旋转的叫地老鼠。用纸包的叫花筒，用筐包的叫花盆，用泥包的叫砂锅儿等，总名烟火。但烟火虽然好看，如果皇帝训子颇严，小皇子就没有眼福了。《国朝宫史》卷四载乾隆四年正月十六日，皇帝下旨说，我昨天看见果亲王大阿哥在“山高水长”看烟火，看见我竟然藏起来了，这是什么道理？大阿哥现在年纪太小，正是读书的时候，如果应该看戏、入宴、放烟花的时候我自然会叫他，怎么随便就来看了？你们这些总管不阻止他，纯属不负责任。他下令把王自立、张承恩革职，每人打六十板。还命人把大阿哥叫来，问他知不知羞，如果长大了还这样，就要处置他。看了这个例子，一般的家长肯定会觉得一年也就这么一回，这样来管束孩子未免有些过头，清代皇家训子实在是严格呀。

相比之下，民间的小孩子可就快乐多了，他们可以随着大人满街跑。袁景澜《吴郡岁华纪丽》卷一《闹元宵》记载，元宵节的街上，或从早到晚，或通宵达旦，全民出动，笛箫琴板一起鸣奏，一大群的小孩子相互追逐，手里都拿着一个器具，满街边走边击，叫做走马锣鼓。大人们的游戏有闹花灯、舞狮子、踩高跷、跳火、猜灯谜等。谜面都贴在路旁的墙壁挂的灯上，为了吸引人，有些人先敲一阵鼓，游人们听到就聚集过来了。谜面有些很雅致，取自经典诗文曲词，有些很幽默，令人禁不住发笑，总之都增加了节日的快乐气氛。如果有人猜对了，设谜语的人就会赠纸笔、香扇这类小礼物给他，猜不上的人也会冥思苦想坚持到最后才散去。

元宵节的晚上，长年藏在深闺中的妇女们也解放了，她们都穿着白绫衫，细心打扮之后，三五成群来观灯。她们当中会有一个人手里拿着香走在最前面，提醒别人让路，大家跟着走过三道桥，据说这样可以免百病，叫做走三桥或走百病。元宵节妇女还有迎紫姑神的习俗。紫姑姓何，名媚，字丽娘，是富贵人家的小妾，因为被正妻所妒，经常被迫干些脏活，最后在某个正月十五的夜晚凄凉地死去了。所以元宵节的时候妇女就会扎草人，用纸糊成脸，头上戴着巾帕，穿着衣衫和裙子，称它为姑娘，把她放在厕所或猪圈栅栏边，让两个小女孩架着它，上香、敲鼓、祷告之后，如果觉得草人有些沉重了，那就是神来了，可以设酒果祭奠，能占卜很多事，包括一年蚕桑的收成。

《开元天宝遗事》记载唐代元宵节的时候，京城的人们用面做成蚕茧的样子，把官位帖子放在面茧中，然后像抓阄一样抓一个茧子，借以占卜自己的官运。吃饭的时候人们也经常玩这种游戏来取乐。袁景澜《吴郡岁华纪丽》卷一载苏州上元日用粉米做成蚕茧，预祝蚕茧获得大丰收，或者在蚕茧中夹上写着吉利话的帖子，也是随手抓，占卜一年的福气，称为茧卜。这天还用米粉做丸子，叫上灯圆子。洛阳这天吃玉梁糕，金门吃粉荔枝，临安吃乳糖丸子、澄沙团子。据说元宵节吃团子和后羿与嫦娥的故事有关。嫦娥奔月后，后羿非常想念她，有一天，有个小孩来告诉他说："正月十五月圆的时候，你用米粉做成像月亮一样圆圆的丸子，放到屋子的西北角，喊三声嫦娥的名字，三个晚上她就会从天上下来。"后羿照着做了，果然嫦娥来和他相会，于是人间就流行元宵节做团子了。其实这团子就是元宵，吃元宵的习俗在宋代就形成了。

元宵节过后，就意味着年已经结束了，这时供奉祖宗的陈设就该撤掉了。如《红楼梦》第五十四回记载贾府正月十七日"一早，又过宁府行礼，伺候掩了宗祠，收过影像"。大概也因为元宵节是最后一次放松的机会，所以才有全民性的狂欢。

四　立春

立春在现代社会已经称不上什么节日了，人们对它不太在意，但是在以农业为主的古代社会，立春的意义可不一般。"民之大事，在祀与农"，"民以食为天"，作为二十四节气之首，意味着春耕开始的立春，自然会受到上至君王，下至臣民的重视。

早在周代的时候，已经有立春设土牛的礼仪。西汉时期，汉文帝曾在立春时节亲自率领百官到田里耕种。到了东汉，礼仪更讲究了。立春那天天没亮的时候，京师的百官就要穿着青衣，郡国以下的官员戴着青色的头巾，在城门的外面树起青色的幡，放上土做的牛和赶牛的人像，告知百姓们春耕开始了。如果立春在腊月，赶牛的人就在牛的身体靠前的位置，说明农事开始较早。如果正月里立春，赶牛的人就在牛的身体靠后的位置，说明农事稍晚。皇帝这天在距离京城八里远的东郊迎春，祭祀青帝和句芒神。青帝又叫苍帝，木帝，古代传说中的五大天帝之一，是位于东方的司春神。句芒是木神。因为绿色代表春天，所以皇帝的车子、旗帜、服饰都要用青色，后代也有用苍色的。皇帝到达之前，先要让一个男童穿上青衣，头上带着青巾在东郊外的田地里等候，等迎春的队伍到了，男童行礼而还。迎春的仪式上还要唱青阳歌，跳八佾、云翘舞，当场还赐给百官布帛。

汉代以后，社会长期四分五裂，战乱频仍，及时行乐的思想非常盛行，出现了很多浮浪子弟，不事生产，于是到了魏晋南北朝时期，皇帝更加注重立春之日自己的表率作用。如《晋书》卷七十一载，晋代刚立国的时候，晋元帝采用大臣熊远的建议，率领三公九卿、诸侯大夫，亲自犁地，向上天祈谷。晋元帝还做了一首《劝农功诗》说："弗躬弗亲，庶人不信。"意思是不亲自来种田，是不能取信于民的，一时广为流传，改善了民风。南朝宋的开国皇帝武帝刘裕吸取历史教训，更加重视立春的典礼。《宋书》卷十四记载，刘裕下令在郊外整治千亩良田，田间设小路，有农坛和耕坛供祭祀。皇后率领后宫嫔妃在坛上亲自把种子交给藉田令，皇帝则在立春后选择吉日率领大臣来耕田。皇帝亲自着扶犁耕地，往返三次，王公五等开国诸侯往返五次，卿大夫往返七次，士往返九次，最后籍田令率领下面的人把剩下的地耕完，洒上种子，盖上土打垅，仪式才举行完毕，其他州县也都要仿京城的例子。皇帝下田躬耕的惯例一直保持到清代，反映了我国古代对农业的重视。

先秦和汉代的时候，土牛只是摆在城门的外面，作为开耕的象征。从宋代开始，增加了打春牛的仪式。人们觉得牛歇了一冬天，懒惰散漫，打春牛可以促使牛勤快起来，快点儿干活。当然，古代的牛马都非常宝贵，真的牛是不能打的，打的仍然是土牛。《东京梦华录》卷六记载，立春前一天，开封府要进黄土做的春牛，第二天早上，知府率领下属举行鞭春的活动，各州县也依例进行。打牛的时候，百姓们把场地围得水泄不通，牛一打碎，就快点儿上前抢碎块，然后又相互争夺，因为土块是吉利的象征。朝廷会赐给大臣一些小春牛，人们也在街面上买小春牛相互赠送。清代打春牛依然盛行，袁景澜《吴郡岁华纪丽》卷一记载立春前一天，苏州郡守要带着下属到东郊门外的柳仙堂去，有华丽的仪仗队打着旗帜作前导，先到社夥也就是演杂戏的场子，再到勾芒神那里祭祀，最后到春牛台，春牛就摆在这里。人们争相来看，连贵族人家也在门的外面垂上帘子，妇女在帘子那边坐着观看。有谚语说："手摸春牛脚，赚得钱财着。"所以还没打牛的时候，人们就争着用手去摸土牛，占新年的利市。在立春的前十天，县官还选了一批艺人，装扮成春神的样子，演习很多天，叫做演春。到了立春这一天，这些艺人穿着神的冠带，骑着驴叫唤，叫做街道士。

与前代不同的是，清代的宫内还有进春仪。《国朝宫史》卷八记载进春的物品由顺天府官员来负责，包括春图，装饰土牛和芒神，作春山，都各自放在一个案上，立春那天进献给皇帝、皇太后和皇后。立春的前一天，顺天府要先把春座送到礼部。当天，顺天府的主要官员和礼部官员穿着朝服会集在午门外，由顺天府的七十五名学生从官员手里接过春座，抬进去交给太监，再连同春图等一起献给皇帝。皇帝看完了，就放到太和殿的东暖阁里储存，这时要把去年进献的东西抬出来。然后再到交泰殿献同样的一份给皇后，皇后看了之后，放到保和殿的暖阁。最后进献给皇太后，新的拿进去，旧的也一样要拿出来。

汉代立春的时候，人们会在树上挂小彩旗，叫做春幡。后来人们又插在头上，称为春胜。春胜据说本来是西王母的配饰，所以受到普遍的欢迎。唐代百官进宫贺春的时候，皇帝会把春胜按照等级赐给他们，郎官以上赐春罗胜，宰相、亲王赐金银胜，可以带回自己的家。宋代皇帝送大臣小春牛的时候，春幡、春胜就缠挂在小春牛的身上，而官员们的头上也插着皇帝赐给的春胜，彩绸飘飘，一路出宫而去，情景非常壮观。民间妇女也带春幡、春胜，清代的妇女把彩绸变成蝴蝶、燕子之类，送给亲属，缀在钗头。袁景澜《吴郡岁华纪丽》卷一记载清代立春日，人们吃春饼、春糕。往前追溯，唐代的时候人们也吃春饼，还有萝卜和生菜，称为春盘。宋代的时候皇帝赐春盘给大臣，老百姓也相互赠送。

立春意味着万物开始恢复生机，所以汉代规定立春之月不处死囚犯。一般冬末要处决死囚，但如果立春是在十二月，这个月的死囚就先不上报。立春日，统治者经常实施一些宽大的政策，如汉顺帝永建四年立春日，大赦天下，希望囚犯改过自新。《后汉书》卷七十三载何敞为汝南太守，立春的时候，把那些搞监督调查的官员都叫回来，派遣儒生和大吏到下面属县去，把那些有孝行义行的事迹都记下来表彰，还平了很多冤狱，所以老百姓特别拥护他。受他的感化，很多分了家的人又归回去赡养父母，丧仪也得以推行，推财相让的达到二百多人。

五　清明

清明节在今天是全民性的节日，以扫墓踏青为主要活动，而追溯清明节礼俗的起源，与寒食和上巳节有很大关系。

清明节原来只是单纯的二十四节气之一，寒食节则非常受重视。寒食节的起源之一是奴隶社会的禁火制度，古人认为冬天的火种用到寒食这一天就不能再用了，要由奴隶主重新钻燧取火分给奴隶，因此这天只能吃冷食。其二是介子推和晋文公的故事。因为晋文公在流放过程中非常狼狈，困苦不堪，有一天没有吃的东西，介子推就把自己腿上的肉给他割了一块煮汤。但是晋文公即位后，介子推却到山上隐居不肯出来。文公无奈下令放火烧山，以为介子推会逃出山来，但不幸介子推背着母亲烧死在一棵树旁。晋文公非常伤心，所以下令每逢此日禁火一天，称为寒食节。但这些都只是人们的推测，寒食节的真正确立和禁火是在汉代形成的。此后寒食禁火的礼俗在古代流传了好久，到唐代的时候还有皇宫传给大臣火种的习俗，而这时的禁火是三天，具体是冬至后的一百零四、零五和零六天。官府要派人上门查看是否有人违规，所以要事先准备好够吃三天的食物。禁火日期一过就是清明节了，唐代皇帝在这天用榆柳木取火分给大臣，而且唐代流行寒食扫墓，没来得及扫墓的就赶在清明，所以清明节的某些活动本来也是寒食节的延续，这就促使了两个节日的合一。

钱榖《兰亭修禊图卷》，美国大都会艺术博物馆藏

上巳是指三月初三。上巳在先秦和汉代非常盛行，这一天无论官员还是百姓都到河边去，用浸泡了香草的河水洗澡，叫做祓禊。他们认为这样就可以除去疾病和种种不祥，还能通过祷告仪式求得子孙和粮食丰收。因为河水一般都在郊外，而此时天气转暖，百花盛开，所以人们就此在郊外畅游。上巳在日期上经常和清明节重合，而清明前，因为过寒食节吃了三天冷食，人们惧怕肠胃受凉，身体不适，所以都纷纷到城外踏青，或玩荡秋千、蹴球、拔河等各种游戏。因此，到了唐朝，寒食和上巳节逐渐在人们意识中淡漠，中唐所有的礼俗都归入清明节中，三个节日归为一个，清明节就成为重大节日了。

因为清明节合并了寒食和上巳，所以唐以后清明的主要活动就是扫墓和郊游。宋代的时候，每逢清明节，朝廷会派人到皇陵去祭奠，人们要穿着素服，带着酒食到祖先坟墓前祭拜。到时候要拿着工具，剪除坟上的杂草，往坟上添些土，把纸钱挂在坟前的树上。如果远游在外，就登上高山，朝着自己家乡的方向把布帛撕裂，称为擘钱。祭扫完毕，就在郊外喝酒吃东西，或者随意游玩，江南有些地方的清明节盛行赛龙舟，引得人们竞相观看。从郊外回来，人们就把折回来的柳枝插在自家的门上、屋檐下，称为“明眼”，还有的人戴在头上。柳树在传说中有驱邪的作用，所以插柳代表了人们向往健康幸福的祈愿。

明代的清明节扫墓要上香，这时的纸钱不但是挂起来，还要焚烧，在坟的四角和顶端也要压上几张，叫做压钱，而纸钱又叫做光明或往生钱。清代的时候，有些地方的清明节有很多特色的礼俗，如袁景澜《吴郡岁华纪丽》卷三记载苏州清明节的纸钱

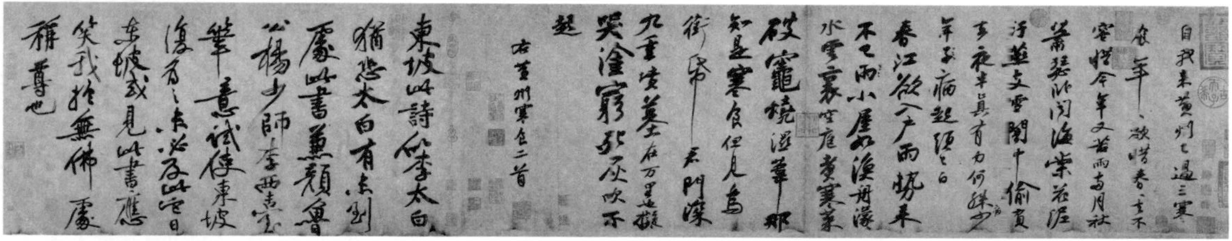

苏轼《寒食诗》，台北“故宫博物院”藏

是用黄纸切成的，楮锭是用金银箔糊的，这些都要烧掉。挂在树上的是用彩纸剪成的长缕，叫做挂钱。除了在墓前烧纸添土以外，还要祭奠山神和周围的坟，意思是死者在阴间也有邻里往来，借机也祭祀一下先人的邻居，表示敬重。如果新娶了媳妇，要带媳妇一起来上坟，称为上花坟。上完坟就近游玩，买一些枣饼、烧饼、黄胖傀儡、山亭玩具、画着彩的鸡蛋等叫做门外土仪的东西，拿回家给孩子们。因为清明节人们游兴很高，所以一些富贵人家的园丁打起了赚钱的好主意。苏州园林举世闻名，台阁亭榭奇巧无比，珍禽异木种类繁多，人们都想借机去看一看，于是就得付费入园了。清明开园逐渐形成了吴地一带的风俗，开园时间可持续到立夏。

古代清明节不但要给自己的祖先上坟，官方还要祭祀其他游魂，这个礼俗起源于明代。洪武初年，明太祖朱元璋梦见了城隍神，说请他派人每年三次祭祀孤魂野鬼，以保天下太平。朱元璋醒来，想想梦中的事非常诧异，于是下令清明节、中元节、十月初一，州县的长官要祭祀那些无人祭祀的孤魂。清代苏州的无祀厉坛就是为祭祀孤魂设置的，地点在虎丘山，苏州城附近的三个县城统一在此祭祀，而清明、中元和十月初一这三个日子，清明节最盛。先让道士念祭文，然后吹号子，击打乐器，挨家挨户地清理道路，点上香火，挂钱和金银锞子满街都是。十个乡的土谷神都在早上升堂，都拿着手版，到城隍神那儿行礼。市中的豪侠聚集一伙人办会，有会首经历会务，走会的人戴花枝，捧着香炉，鬓角簪着鹭鸟的羽毛和彩纸剪的花，非常耀眼。有人打着旗，有人擎着盖，牵着画舫在陆地上行走。选一些长相漂亮的小孩子穿戴艳丽站在马背上，叫巡风。队伍行进的一路上都有悠扬的箫鼓伴奏。人们都准备好了香灯和祭祀的笾豆，等着神舆过门的时候拜迎，叫做接会。跟着观看的人挤满了街巷，不可胜数，叫做看会。

有些地方清明的时候还流行放风筝。风筝又叫纸鸢，相传是韩信发明的。萧梁时期，台城被围，羊侃命人放风筝，最终风筝落在援军手里，成功解围。古代的风筝有大有小，大的有一丈见方的，有的尾部可以长出两三丈，有蜈蚣、蝴蝶、蜻蜓、鸟兽等形，还有彩绘的仕女图，放飞到天上，就像仙女要下凡一样。有人晚上放，就在线上系上几盏灯，称为鹞灯。还有的在风筝背上放上簧管，高空中的风吹来，就奏出了悦耳的音乐，称为鹞鞭。因为风向的缘故，清明节以后放风筝，风筝会横在空中不易高飞，所以清明时放风筝要尽兴。最后要把线剪断，让风筝随风而去。据说这样可以剪断病根，对身体有好处。

六　端午

五月五日是端午节，又称端五、重午、重五、浴兰节、地腊节、天中节，民间又叫作五月节，是一个融合驱邪、纳福、纪念、娱乐多重功能为一体的重要节日，也是夏季最重要的全国性节日。

端午节的历史很悠久，它的起源和汉民族对五月的特殊情感有关。早在先秦时期，我国北方中原地区就把五月看做“恶月”，五月五日称做“恶日”，百事禁忌。《北齐书》记载：“五月不可入官，犯之，不终其位。”就是五月份的时候不去赴任，如果去赴任了，也干不长。对于人们来说，五月五日生的孩子带来的不是欢庆和喜悦，而是一种不祥之气，习俗认为男孩克父亲，女孩克母亲。战国时期，齐国的孟尝君田文就是五月五日那天出生的，他的父亲打算抛弃他，他的母亲不忍心，偷偷地把他抚养成人。孟尝君第一次拜见父亲的时候，田婴大发雷霆。针对父亲“五月子者，长与户齐，将不利其父母”，即克父母的殷忧，孟尝君说：“人生受命于天乎？将受命于户邪？……必受命于天，君何忧焉。必受命于户，则可高其户耳，谁能至者！”（司马迁《史记·孟尝君列传》）可见端午节的民间禁忌没有多大合理性，经不住推敲。尽管孟尝君巧妙地化解了父亲的忧虑，日后受封于薛地，成为有名的战国四公子之一，名留青史，但是并没有改变普通人对端午的看法。人们还是在这个月份里心怀恐惧，战战兢兢，如如履薄冰。《荆楚岁时记》记载：“五月俗称恶月，多禁忌曝床荐席及盖屋。”五月不搬家，不谈婚论嫁。在这种特殊的心理作用下，形成了独特的端午风俗。端午节这一天，家家门上悬挂青、赤、黄、白、黑等五彩丝线合成的五色线、桃符、柳符，或者艾草，或者天师符、钟馗像，防止恶气进入家门。《续汉礼仪志》载：“五月五日，朱索五色柳桃印为门户饰，以止恶气。”人们喝雄黄酒来辟邪。小孩的手臂上系五色的绳，男孩系在左臂，女孩系在右臂，俗称长寿线。五月天气变热，为了防止虫子叮咬，小孩的额头、前胸、手心、脚心、耳朵、鼻子上还要点几滴雄黄酒，这样据说也能使人不染瘟疫。端午节人们习惯沐浴斋戒。战国秦汉时期，用兰汤沐浴，兰汤就是浸了兰花的热水。河南南阳一带的旧俗，五月四日的晚上采集枣花，放入水里，盛水的容器一般放在庭院里宽敞的地方。第二天日清晨起来洗漱，一股清香的气息沁人心脾，让人顿时感到身心愉悦。枣花水洗漱尚且如此，兰花水沐浴想来更是清雅舒适。斋戒，简单地说就是吃素静养，根据白居易《仲夏斋戒日》所载：“仲夏斋戒日，三旬断腥膻。”唐代一般是斋戒一个月。

从饰物上看，据《吴郡岁华纪丽》记载，端午节的时候，人们喜欢佩戴荷包，款式有很多样。有的荷包里面盛着雄黄，称雄黄荷包；有的用彩绒缠着铜钱，作成五色符，叫做袅绒铜钱；也有将铜钱编成老虎头状的，挂在小孩胸前；还有把一头独蒜用线网住，挂在腰间的。富贵人家则绣翠叶五色葵花、石榴花，钿漆折扇，珍珠百索钗符，牙筒香囊等，互相馈赠佩戴。女子头上戴石榴花、艾叶，家家的花瓶里插上蜀葵、石榴、蒲、蓬等花草，一派艳丽的景象。据沈榜《宛署杂记》载，北方的小姑娘在端午节这天打扮极其华丽，头上戴着石榴花，出嫁的女子在这天回娘家看望父母亲人，所以端午节又叫作女儿节。

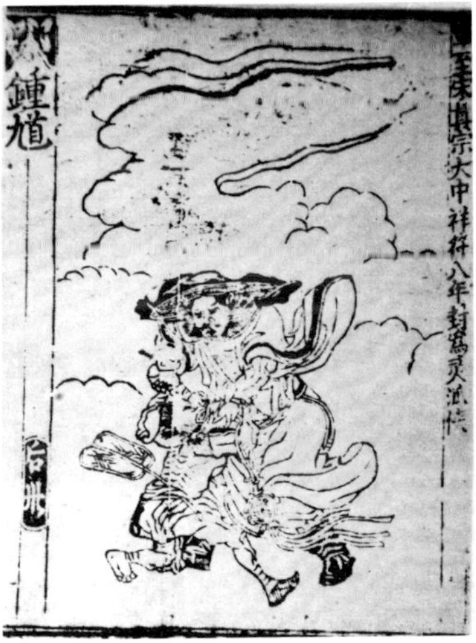

钟馗像，《搜神广记》，元刻本

端午节的特色食品主要是粽子，一般是用竹叶裹上糯米做成的，因为有折角，又叫角黍。粽子大致有三角、一角两种，三角形的叫作菱角粽，一角的叫作称锥粽，也有用菰叶包裹的叫做茭粽。唐代时，人们把粽子串起来，称作百索粽，宋代称九子粽。据说这种饮食习惯和屈原有关。战国时期，屈原遭到小人诽谤，被楚怀王流放，一腔忠愤无处发泄，在五月五日那天投河而亡。人们为了纪念这位伟大的爱国人士，就用竹筒盛上大米，投到河里，希望鱼虾都来吃米，而不去吃屈原的遗体。人们用这种方式来祭祀屈原，寄托哀思，这就是粽子的起源。据南朝梁吴均《续齐谐记》记载："屈原五月五日自投汨罗而死。楚人哀之，每至此日，以竹筒贮米，投水祭之。汉建武年，长沙欧回，见人自称三闾大夫，谓回曰：'见祭甚善，常苦蛟龙所窃，可以菰叶塞上，以彩丝约缚之，二物蛟龙所畏。'"从这个传说可见，投河的竹筒还曾经一度用楝树叶塞上，并用彩丝缠绕着。开元年间，宫中吃粽子的人必须是射箭的高手，否则的话就很难吃到。《坚瓠集》记载："开元，宫中造粉团及粽，以小角弓射之，中者方食，故曰角黍。"这段话记载了唐玄宗时期宫中吃粽子的情形，不过粽子别名角黍的分析却不正确，因为南朝时期就已经有角黍的叫法，晋代周处在《风土记》中就有"仲夏端午，烹鹜角黍"的记载，大概角黍得名是因为竹叶里面裹了黍米，外形如角。

中原地区端午的清晨煮大蒜、鸡蛋，尤其崇尚独头蒜。吴越一带的人们在端午节还吃鳇鱼，据说这种鱼的脑部有小石头，所以又叫做石首鱼。鳇鱼是务必要吃的，吴中有谚语"楝子花开石首来，箧中絮被拥三台"，意思是说即使是贫苦人家，这天也要典当衣物来买鳇鱼吃。

赛龙舟也是一项重要节令活动。喧天的鼓乐声中，数十艘刻有龙形图案的船只竞相往前，岸上的人助威呐喊，声响震天，热闹非凡。《荆楚岁时记》载荆楚一带人们都去踏青，踩百草，还有斗百草的游戏和玩鸟、训鸲鹆的习俗，五月幼小鸲鹆的毛羽刚刚长成，那些好事的人到鸟窝里把小鸲鹆抓走，先剪去它的舌尖，这样好教说话。明清时期，京师一带还有游天坛、金鱼池的习俗。

端午节纪念的人物除了屈原以外，还有介子推、伍子胥、陈临、曹娥等。在山西一带，曾经端午节禁火。禁火是为了纪念忠贞而淡泊名利的介子推，端午禁火开始只是地方风俗，后来被移作寒食习俗。战国时期，吴国大夫伍子胥帮助吴王阖闾攻破了楚国，立下汗马功劳。夫差继位后，伍子胥又辅佐他战胜了越国。越王勾践表面臣服于夫差，百依百顺，实则卧薪尝胆，苦练精兵，伍子胥劝夫差乘胜消灭越国，斩草除根，不留后患，可惜这个建议不但没有被采纳，自己反而遭到吴王夫差的疏远，最后糊涂的夫差竟然赐剑给伍子胥让他自杀。传说伍子胥死后被吴王夫差用皮革包裹着丢进了钱塘江，化为潮神。民间就在五月五日这天，到钱塘江边举行仪式，迎接伍子胥的英魂。《会稽典录》记载，上虞人曹娥的父亲擅长弹唱，汉安帝二年的五月五日，到江边上迎着浪涛迎接波神，不幸淹死了，尸骸也不见了。十四岁的曹娥沿江一路哭号着寻觅父亲，最后在绝望中投江而死，于是就有了端午节纪念孝女曹娥的习俗。

七　中秋

中秋节是农历八月十五，因为八月是秋季的第二个月，所以又叫仲秋节。中秋节主要举行祭月、赏月等与月有关的活动，因此又称为月节、月夕。此外还有端正月、八月半、团圆节之称。

相对于其他节日，中秋节形成的时间稍晚，是在隋唐时期，但从隋代以前的拜月、赏月活动中，我们可以找到中秋节的根源。在古代社会，对月神的顶礼膜拜是天子的一项重大礼仪活动，《礼记》中记载："天子春朝日，秋夕月。朝日以朝，夕月以夕。"这里的"夕月以夕"就是秋分晚上祭月，而秋分是在农历八月，有时就恰在八月十五。到了汉魏时期，不但祭月，赏月活动也非常兴盛，翻开那个时代的诗文集，与月有关的诗赋比比皆是，但那时赏月的日子并没有专门确定在八月十五，只要风清月白，哪天都可以。不过人们逐渐意识到，一月之中月圆的日子不过三两天，而四季当中春天太忙，很少闲暇，难得大家聚到一起。夏天酷热，阴雨多，天气反复无常，往往天公不作美。冬天虽然时间宽裕，可惜气候不佳，冻手冻脚，怎么能写出好诗词？算起来就只有秋天最合适了，不冷不热，天高云淡，极少下连绵雨，而且八月中旬庄稼还没收割，人们有足够的时间痛痛快快玩一次，蓄精养锐，然后全力投入到农忙中。何况在古人心目中，八月十五的月亮是一年当中最圆的，有宋代诗人孙复诗句“十二度圆皆好看，其中圆极是中秋”为证，这样看来在八月十五举行祭月、赏月等活动就再合适不过了，于是随着习俗的发展，到了唐代，中秋节就正式形成了。

唐代，中秋赏月首先在上层贵族中很流行。以风流多才的天子唐玄宗为例，《开元天宝遗事》记载唐玄宗为了满足赏月的雅兴，命人在太液池的西面建了一座百尺高的看台，起名叫赏月台。在中秋节那天，和杨贵妃一起登台赏月。《龙城录》和《漱石闲谈》中都有唐玄宗在中秋节和道士游月宫的神话。说唐玄宗在那里不但看到了琼楼玉宇，还有群仙在大桂树下一边唱歌一边跳舞，然而就在他如痴如醉的时候，忽然又回到了人间，于是唐玄宗根据自己的记忆，再适度地发挥，最终成就了著名的霓裳羽衣曲。中秋节也是老百姓的乐事。在民间，文人们有的登山，有的乘舟，有的聚在园林中赏月、饮酒、赋诗。一般的百姓就全家聚在庭院里，摆上供桌和果品，拜完了月，家人一起分享果品。

吃月饼的习俗据说始于唐僖宗时期，《洛中见闻》记载有一次中秋节，正赶上新科进士在曲江举行盛宴庆贺，唐僖宗觉得御膳房的月饼很好吃，就下令多做一些，用红绸缎包上，赐给那些金榜题名的幸运者，中秋吃月饼的习俗从此就诞生了。

宋元时期的习俗和唐代差不多。到了明代和清代，不但吃月饼是中秋的重要内容，人们还互赠月饼和瓜果，这时的月饼馅发展到了几十种，而瓜果中的西瓜一般是不可少的。如《红楼梦》第七十五回写贾府庆祝中秋节，作为晚辈的贾珍进献给贾母的礼物就是月饼和西瓜，小说这样写道：

> 贾母又道："你昨日送来的月饼好；西瓜看着好，打开却也罢了。"贾珍笑道："月饼是新来的一个专做点心的厨子，我试了试果然好，才敢做了孝敬。西瓜往年都还可以，不知今年怎么就不好了。"贾政道："大约今年雨水太勤之故。"

清代人仍然祭月，时间是在月亮升起的时候，形式比较简单，即在摆着供品的供桌前上香行礼，仪式完了，就是赏月吃饼果了，仍以《红楼梦》第七十五回为例：

> 贾母笑道："此时月已上了，咱们且去上香。"说着，便起身扶着宝玉的肩，带领众人齐往园中来。……当下园之正门俱已大开，吊着羊角大灯。嘉荫堂前月台上，焚着斗香，秉着风烛，陈献着瓜饼及各色果品。……贾母盥手上香拜毕，于是大家皆拜过。贾母便说："赏月在山上最好。"因命在那山脊上的大厅上去。

有些地方的供桌上除了月饼瓜果外，还悬挂或张贴纸画的月宫图。如《吴郡岁华纪丽》卷八载苏州的中秋供月神，市场上卖的月光纸金碧璀璨，上面画着月亮和桂树、宫殿，有拿着药杵的兔子像人一样站着捣药。还有用纸和绢做成的嫦娥放在月饼上。祭拜完毕，月光纸就烧掉了。对于那些富贵人家，赏月宴饮时用的器物和座椅的摆放也非常讲究，都带有团圆的喻意。《红楼梦》这里就描写说贾家这天所用，“凡桌椅形式皆是圆的，特取团圆之意。上面居中贾母坐下，左垂首贾赦、贾珍、贾琏、贾蓉，右垂首贾政、宝玉、贾环、贾兰，团团围坐。”可见中秋礼仪的细致所在。

中秋除了祭月、赏月外，还有许多有趣的礼俗。如：清代有“摸秋”，就是尚未怀孕的少妇晚上到田间去偷瓜果，如果偷到了南瓜，就预示她要生男孩，如果偷到了豆角，就预示着生女孩。在杭州，人们过中秋节时还会倾城出动，去领略钱塘江大潮的壮阔豪迈。届时仕女云集，观者正可乘机大饱眼福。在苏州，中秋时，人们纷纷到虎丘千人石前赛歌听歌，开始时唱歌的人在丝竹等乐器的伴奏下欢唱，到了夜深的时候就清唱，万籁俱寂，听众都静静地不出声，歌声给人的感觉像细发钻天，响彻云际，妙不可言。有些贵族子弟还特意带来色艺俱佳的歌女和乐队来炫耀，那些新奇的曲子就此传播开来。清代诗人袁景澜《虎丘玩月歌》中就有这样的诗句：“士女倾城出夜游，千人石畔赌清讴。杯盘席地鱼鳞次，合沓清歌竟唱酬。分曹互奏争新艳，雅调高扬俗音敛。十番笙管杂筝琶，胜会名山夸独占。”中秋节成了别样的音乐交流会，也就具有了更深层次的文化价值。

八　重阳

重阳节又叫九月九、九日、重九、女儿节、茱萸节等，这个节日在今人心目中也已淡化，但在古代，它的重要性不亚于端午、中秋。重阳节是农历九月初九，按照《易经》所说，九为阳数，九九相逢则日月并应，大吉大利，因此古人把这个节日看得很重。

唐寅《陶潜赏菊图》，台北“故宫博物院”藏

“重阳”之名起源较早，战国时期的著名诗人屈原在《远游》中就用了这个词汇，而到了汉代，这个节日就已形成。汉代迷信风行，所以重阳节的礼俗也带有一定的神秘色彩。《西京杂记》记载汉代重阳和上巳的一些习俗类似，人们纷纷登高以驱邪气。汉武帝宫中有一个叫贾佩兰的宫女，她在重阳节的时候佩戴茱萸，喝菊花酒，说这样可以达到养生的目的，令人长寿。《续齐谐记》中有这样一则故事：汝南桓景跟随费长房学道术，费长房对他说，九月九日的时候，汝南将有大的灾难，你快回家去，告诉家里人缝口袋，装上茱萸，系在胳膊上，然后登上高山，在山上喝菊花酒，这样灾难就可以免除了。桓景听从了老师的话，率领家人上了山，等他们晚上回家的时候，惊讶地发现家里的鸡和狗都死在地上。费长房解释说：“它们是替你们受难了。”费长房帮助桓景一家避难的故事肯定

不是真的，但是从以上两种文献的记载中我们可以了解到汉代插茱萸、喝菊花酒的礼俗的兴起和人们的迷信思想和养生驱邪的愿望有关。

魏晋南北朝时期，重阳节的活动在形式上没有什么大变化，也是登高、插茱萸、喝菊花酒，但是这一活动受到更多人的喜爱，每个社会层次的人都以重阳节为群体娱乐的大好时机。《南齐书》记载宋武帝在彭城时，重阳节登上项羽建的戏马台游玩。齐武帝过节时曾在孙陵岗登高饮酒。宗懔《荆楚岁时记》说九月九日，天下的百姓都在郊外聚餐，身上插着茱萸，吃饼饵，喝菊花酒。唐代的皇帝也经常在重阳节这天加入欢庆的行列，和群臣尽欢。《景龙文馆记》记载唐中宗李显曾在重阳节率领大臣们登上慈恩寺的大雁塔，在宴会上，大臣们依次向他敬菊花酒，祝他健康长寿。还有一次他到渭亭去登高，命大臣们作诗，亲自评阅，先写成的人受到了奖赏，迟迟不交卷的则有一定惩罚。唐代重阳节多了赏菊和簪菊，也就是把菊花插在头上的礼俗，有时也把菊花拿在手里赏玩，这在许多诗人的诗作中都有反映，如李白《宣城九日闻崔四侍御与宇文太守游敬亭余时登响山不同此赏醉后寄崔侍御》："重阳不相知，载酒任所适。手持一枝菊，调笑二千石。"因为人们都摘采菊花，导致重阳节竟成了菊花的一大厄，杜甫曾在《叹庭前甘菊花》中写下这样的诗句："重阳不堪摘，明日萧条尽。"同时借此来慨叹朝廷贤良不存，小人当位的黑暗现实。因为中秋节的时候，庄稼还没有收割，而重阳节则恰好赶上新谷收获，大家都迫不及待地想尝鲜，所以隋唐时期，重阳节也流行吃粘米糕。宋代城市经济进一步发展，为了满足市场的需求，出现了专门栽植菊花的花圃。人们在重阳节不但赏菊，还买菊，用菊花来装饰门窗，喝菊花酒，吃菊花饼，点菊花灯。皇帝也下赐菊花、菊花糕和菊花酒给臣子。

明代重阳节的活动在继承前代遗俗的基础上有所发展。登高、赏菊、插茱萸、吃花糕等与前代相同，但明代的花糕有了较多的品种和装饰，糕上经常点缀着枣、栗等果子，有的还插上菊花和彩带。明代人不仅自己吃花糕，向亲朋好友们赠送，还把花糕作为祭品供在祠堂里。从明代开始，出现了把出嫁的女儿接回家吃糕的习俗，如果婆家不同意，娘家人就会很生气，甚至诟骂不已，故重阳节又被称为“女儿节”。因为“糕”与“高”谐音，人们就此用糕来表达祝愿。明代谢肇淛《五杂俎》中说在重阳节这天天亮的时候，把一片糕放在孩子们的额头上，然后祝愿说：“愿孩百事俱高。”这样孩子就会非常聪明，凡事超出常人。明代广州等地有在重阳节上坟祭扫的，因为天气晴和，所以出来游览的人放风筝的也很多，这些习俗就和清明有些类似了。重阳节在阴历九月上旬，过节时大部分花草树木都已凋零，时常有冷风冷雨，所以人们认为重阳节是立秋后的第一个寒冷的信号，有“重阳信”之名，这时要赶紧做棉衣，以备风霜来袭。重阳节过后，霜降就要来临了，所以明代天启年间，宫中在重阳前后举办宴席，称为迎霜宴。《日下旧闻考》卷一百四十八载在迎霜宴上的菜肴一定要有兔子，称为迎霜兔。设宴的厅外用层叠数尺高的各色菊花围绕起来，灿烂炫目，非常奢华。

清代重阳节的习俗较明代又有发展。人们同样登高赏菊，但有些到京城郊外游玩的人携带酒肴，痛饮一整天，称为辞青，即告别绿色的季节之意。清代花糕的品种更加多样化，那些回家吃花糕的女儿要准备一份送给父母的礼物。在苏州，重阳节的娱乐色彩更加浓郁。《吴郡岁华纪丽》卷九记载清代苏州人过重阳节在台榭中设宴的比较多，人们带着酒具、茶具、餐具，有的是租赁一处园林，有的是闯入闹市区以娱乐。苏州人一般在吴山的治平寺登高，明代就已经是这样，就算是凄风冷雨也不会影响他们的兴致。明代才子袁宏道有诗戏谑说："苏人三件大奇事，六月荷花二十四。中秋无月虎丘山，重阳有雨治平寺。"说的就是苏州人狂野的游兴，即使中秋无月可赏也要到虎丘山，而重阳有雨也必须到治平寺。不过他们到治平寺不仅是为了欣赏秋色，还有一项更重要的游戏，就是牵羊赌彩。还有人到虎丘登高，乘着大画船，带着乐队，一直玩到夜深。有人帽子丢了，簪子掉了，大家在一起大呼小叫，放浪恣肆，实在是太快乐了。

九　冬至

冬至又叫冬节、亚岁、大冬。在今天，它主要是一个节气的概念，即使某些地方将它作为节日，但氛围并不是十分浓厚。在古代就不一样了，冬至既是二十四节气之一，又是一个非常重要的全国性的节日。

冬至作为节日形成非常早，汉代的时候就受到非同一般的重视。因为冬至这天白天最短，黑夜最长，而从这天以后，白天逐渐变长，黑夜变短，离春天也越来越近，所以人们认为从冬至起阳气开始上升，生物在地下开始潜滋暗长，象征着君王之道越来越盛，加上古人认为君权神授，所以从汉代起，历代皇帝都在冬至那天，到京城南郊的天坛举行隆重的祭天仪式。汉代的百官在冬至这天放假一天，等皇帝祭天仪式结束以后，要穿着新官服，戴着新官帽，到宫里向皇帝庆贺。汉代冬至的礼俗已经扩展到民间，而且随着文化思想的变迁，人们不但祭天，也祭地和死去的祖先，还献酒和礼品给亲人和师长，后来还有献鞋袜给尊长的习俗，表达践新迎福之意。从以上可见，汉代冬至的敬老意味更浓。魏晋南北朝时期，冬至的礼俗和前代差不多，百官进宫朝贺，给皇帝上贺表，敬献鞋袜。妇女在这天也给公婆献鞋袜。相传黄帝时期，共工氏有一个儿子死在冬至这一天，那个儿子品质不好而且性格暴躁，但他最怕红豆，因此人们就在冬至这天吃红豆粥，以防他作祟。

后来冬至变得越来越重要。到了宋代的时候，人们称冬至为"亚岁"，就是仅次于春节的意思。官府放假长至五天，民间的百姓非常重视这个节日。《东京梦华录》记载穷人即使借钱，冬至这天也得穿新衣服，办置美食，祭祀祖先。明代，冬至成为可与新年和万圣节即皇帝生日并列的三大节之一。皇帝在这天最重要的活动仍是祭天。《金瓶梅词话》第七十一回就涉及了皇帝祭天的仪式。这回写西门庆在冬至前到京城托人买官，在何太监家，"何太监道：'到五更我早进去，明日大朝。今日不如先交与他银子，就了事而已。'西门庆问道：'明日甚时驾出？'何太监道：'子时驾出到坛，三更鼓祭了，寅正一刻就回到宫里。摆了膳，就出来设朝，升大殿，又朝贺天下，诸司都上表拜冬。次日文武百官吃庆成宴。你每是外任官，大朝引奏过，就没你每事了。'"反映的就是皇帝凌晨祭天，百官朝贺和君臣吃庆宴的事。从小说中的描写可知，在京外任职的官员，只有朝贺的份，庆宴他们是吃不到的。《金瓶梅词话》这一回还写道，"何老太监道：'大人请宽了盛服罢。'西门庆道：'学生里边没穿什么衣服，使小价下处取来。'何太监道：'不消取去。'令左右：'接了衣服，拿我穿的飞鱼绿绒氅衣来，与大人披上。'西门庆笑道：'老公公职事之服，学生何以穿得？'何太监道：'大人只顾穿，怕怎的。昨日万岁赐了我蟒衣，我也不穿他了，就送了大人遮衣服罢。'不一时，左右取上来。西门庆捏了带，令玳安接去员领，披上氅衣，作揖谢了。"可见冬至前有皇帝赐给朝臣新官服的惯例。

明代冬至时皇帝还下赐《九九消寒图》。刘侗《帝京景物略》记载，冬至的时候在纸上画梅花，共八十一个瓣，每天给一个花瓣染上颜色，等到九九八十一天过去，花瓣都染完了，寒冷完全退却，春色就很浓了，所以称之为《九九消寒图》。《九九消寒图》可悬在墙上，也有贴在窗户上的，其实元代时就有了，元代诗人杨允孚《滦京杂咏》的诗注可以为证，说冬至的时候，在窗子上贴一枝白梅花，早上妇女梳妆的时候，就用胭脂图上一圈，八十一圈都画完了，梅花就变成了杏花，这时天气变暖，春天就来了。但元代的《九九消寒图》大概还没有诗，明代与气候相匹配的九九消寒歌是这样的："一九至二九，相唤不出手；三九二十七，犁头吹筚篥；四九三十六，夜眠如露宿；五九四十五，家家堆盐虎；六九五十四，口中嘶暖气；七九六十三，行人把衣担；八九七十二，猫狗寻阴地；九九八十一，穷汉受罪毕；才要伸脚睡，蚊虫跳蚤出。"《九九消寒图》上的梅花有的是横着画的，有的是竖着画的。以给花瓣染色来记载岁月是件很有意思的事，不识字的人也可以做，所以老百姓对此也很感兴趣，市面上也有很多刻印的图纸叫卖，能够满足需求。

明代官员之间冬至时也相互拿着名片拜贺，如《金瓶梅词话》第七十一回还写道，"众提刑官皆出朝上马，都来本衙门伺候，铁桶相似。良久，只见知印拿了印牌来，传道：'老爷不进衙门了。轿儿已在西华门里安放，如今要往蔡爷、李爷宅内拜冬去了。'以此，众官都散了。"老百姓也相互问候，出嫁的女儿回家看望父母，有的地方还有给母亲洗澡的礼俗。届时街上行人如织，就像过年一样。明代冬至流行的饮食品种很多，各地各不相同，有馄饨、米团、辣汤等。

清代官方和民间的冬至礼俗都和明代差不多，也非常重视冬至节，甚至有些地方把它看得比春节还重。如《吴郡岁华纪丽》记载苏州人最重视冬至节，亲朋好友都相互馈赠礼品。颜度《冬至节》诗句云："冬至家家讲物仪，迎来送去费心机。"余有《冬至节日》："日向忙中过，阳从子半生。馈遗喧戚里，博禁解都城。"冬至的前一天晚上，家家都设美酒佳肴，称为节酒。苏州人过冬至节时，特意做豆沙、糖果或肉菜馅的米团供奉在祖先的灵位前，总的祭祀供品比一年中的其他节日要多，祭祀的礼仪也更繁杂，所以俗语中有"冬至大于年"、"肥冬瘦年"的说法。不过在今天，随着生活节奏的加快和观念的变化，人们对冬至的重视程度已经远远不能和春节相比了。

第五章　传统五礼

周代的时候，我国的礼仪制度就已经完备了，礼仪的基本类型确定为五类，称为“五礼”，即吉礼、凶礼、军礼、宾礼、嘉礼。每种类型都有不同的内容和礼制。

一　吉礼

吉礼是祭祀的礼仪，是五礼之首。祭祀图的是吉利，所以称为吉礼。在古代，人们对自然的认识和改造能力有限，过分相信神鬼的力量，对之心怀敬畏。为了保佑国家繁荣昌盛，皇帝的宝座不被夺走，传上子孙千万代，历代的皇帝都敬事神鬼，因此祭祀被列为可以和军事活动并列的头等大事，也就是“国之大事，在祀与戎”(《左传 · 成公十三年》)。民间的百姓为了安安稳稳地过一辈子，子孙又富贵又吉祥，也对神鬼十分虔诚。

古人祭祀的对象是自然界的神和人死以后变成的鬼，这两者是不存在的，可是在科技不发达的时代，人们不这样认为。在他们的想象中，这些神鬼都非同一般，一定要好好祭祀，不然惹怒了他们，他们就会施展法力，把灾难降临到自己头上。自然界的神主要指天地、日月星辰、风神雨神、土神谷神等。还有五祀，就是祭祀春神句芒、夏神祝融、中央后土、秋神蓐收、冬神玄冥。五岳即东岳泰山、西岳华山、南岳衡山、北岳恒山、中岳嵩山，四渎即长江、黄河、淮水、济水，四镇即扬州的会稽山、青州的沂山、幽州的医无闾、冀州的霍山。此外还有掌管四方百物的小神，如花神、蚕神、灶神、马神等，还有关系命运福禄的寿星、城隍等。总之，神无所不在，因此一年当中各种祭祀活动不断。礼仪制度中规定的祭祀活动虽然很多，但不是每一项都要求帝王亲自参加或前去，像五岳、四渎、四镇这类需要远行的，而且比天地日月低一级的祭祀活动，都是派大臣去，皇帝在京城设台，朝着相应的方位拜祭就可以了。帝王亲自拜祭并举行隆重大典的主要是天地、社稷和宗庙。

历史上，天和地一般是分开来祭祀的。古人认为天是圆的，地是方的，所以在京城南郊建造一个圆形的坛，称为天坛。在北郊建一个方形的坛，称为地坛。冬至的时候皇帝就在天坛祭天，夏至的时候在地坛祭地。按照常规，皇帝在祭祀前几天就在斋宫中独居养心，不进荤食，唯恐嘴里有秽气，冒犯了神灵。而官员只能上奏日常的事情，涉及诛罚的暂时不上奏。祭祀那天，太常礼仪院的官员事先安排好了牌位和祭品。皇帝在凌晨沐浴完毕，穿着吉服，乘辇舆从宫里出来，到郊外行礼上香，周围有盛大的歌舞乐队，花团锦簇，声乐震天。祭天地仪式不同的是，祭天时皇帝行礼后，礼仪官收拾好祭品，放在柴草上，由皇帝点燃；祭地时，不是焚烧祭品，而是把它们埋起来。

天和地合起来祭祀的重大典礼莫过于封禅。封和禅是两个仪式，封是祭天，禅是祭地。封在泰山举行，禅则在泰山旁边的梁父山等稍低的山举行。封禅地点为什么要选择泰山呢？因为五岳之中，泰山在最东面，象征着万物之始，而人们又认为泰山最高，离天最近，在那里祭祀最能和天帝感应，所以自然成了帝

天坛

王们的首选。在古代,交通不便,皇帝和众多的随从人员要耗费很多天才能到泰山,一路上的花费不是个小数目,所以到泰山举行封禅大典的都是盛世时期的帝王。前后有秦始皇嬴政、汉武帝刘彻、东汉光武帝刘秀、唐高宗李治、唐玄宗李隆基、宋真宗赵恒等。祭祀的程序大致是:先在梁父山等地祭地,然后在泰山脚下祭天,再登上泰山山顶祭一次天,次日从泰山北侧下来,到肃然山再次祭地。在祭祀的过程中,曾有这样的趣闻:秦始皇在下山途中遇到大雨,君臣躲在一棵叶茂根深的大树底下,才免受淋雨之苦。因为大树有功,所以秦始皇封它为五大夫。"泰山"用来代指岳父也和封禅有关。唐玄宗封禅回来,有一次在宴会上忽然发现宰相张说的女婿郑鉴穿着五品服,不禁惊讶地问:"你都升到五品官了?"郑鉴被他问得非常不好意思。这时,擅长滑稽的黄幡绰灵机一动,从旁插嘴道:"此泰山之力也。"原来跟从皇帝封禅回来的大臣,因功犒赏,官位都擢升一级,但宰相张说掌握着大权,趁机把自己的女婿连升三级。提拔得太快,连皇帝都感到意外了。从这以后，人们就沿用了这个典故，把岳父风趣地称为“泰山”。

社稷是土神和谷神的合称，因为与地有关，所以它们的祭坛也是方形的。按照东、南、西、北、中的方位，使用青、赤、白、黑、黄五种不同颜色的土筑成。“民以食为天”，粮食是关系到百姓生存和国家兴亡的关键问题，所以人们经常以社稷代指国家，由此可知祭祀社稷的重要性了。在周代的时候，祭祀社稷是仅次于祭天的大典。先秦时期诸侯可以在自己的封地祭祀社稷。诸侯建社稷坛的时候，皇帝会按照封地的方位在京城的社稷坛上取一撮土赐给他们，诸侯领受，回到封地后封在自己的坛中。周代时天子一年两次祭祀社稷，春天祭祀祈求丰年，秋天祭祀感谢神祇保佑。汉高祖刘邦时一年也祭祀两次，光武帝刘秀则祭三次，就是在春秋之外，腊月又增加了一次，表示对社稷神的礼敬，希望粮食丰收，天下太平。祭祀社稷时皇帝也要斋戒，供品也用牛羊猪三牲。最初皇帝祭祀社稷的时候没有伴奏和舞蹈。到了汉武帝的时候，李延年以擅长音乐得宠，他向汉武帝提了建议，汉武帝和大臣商量，说民间祭祀都有鼓乐，朝廷祭祀没有伴奏，不太合适吧，大臣们同意了，于是祭祀社稷开始有乐舞。古代民间的老百姓靠天吃饭，没有粮食就活不下去，所以他们对社稷神也非常敬畏，也建土坛祭祀，称为社。南宋大诗人陆游《游山西村》中“箫鼓追随春社近，衣冠简朴古风存”的诗句，描述的就是农家举行春社那天箫鼓齐鸣的场景。

古代实行“父传子，家天下”的制度，皇帝不是选举产生的，是由上一代或兄长传下来的，加上古人非常讲究孝道，所以皇帝要恭敬地侍奉死去的祖先。帝王的宗庙建在宫殿的左前方，叫作太庙。今天所见的太庙始建于明代永乐年间，其中享殿是皇帝举行祭祀活动的场所，东面的配殿供奉有功皇族的神位，西面的配殿供奉异姓功臣的神位，如清代的张廷玉，做了康、雍、乾三朝的重臣，长期担任着领侍卫内大臣、太子太保、军机处大臣等重任，深受康熙和雍正皇帝的信任，是配享太庙的唯一汉族功臣，后世传为佳话。享殿后面还有中殿和后殿，即寝殿和祧庙，寝殿供奉帝后的神位，祧庙供奉帝王远祖的神位。此外太庙里还有神厨、神库、宰牲亭、治牲房等。皇帝在登基的时候，必须到太庙前来接受玉玺。每逢重大的节日，死去的帝王和王后的生日、忌日，给死去的祖上上尊号，或有要事时，都要到宗庙来祭祀。清代乾隆皇帝因为在位时间长，一生到太庙祭祀的次数达130多次。太庙的祭祀还分为月祭、四时祭等，就是每月初一、十五，春、夏、秋、冬四季，要以酒脯和新鲜的时令果蔬为供品。清代每逢四月八日释迦摩尼生日和七月十五鬼节，只供果蔬，不设酒脯。因为要祭祀的祖上太多，所以一般春季每庙单独祭祀，而夏秋冬三季则合起来祭祀。另外，每隔三五年再举行一次隆重的大祭。洪武初，明太祖朱元璋认为在太庙祭祀还不足

聂崇义《新定三礼图》祭祀先王着装，清刻本

以表达孝心，命在宫里建立奉先殿，供奉祖先牌位和衣冠，每天清早率领皇子们来拜祭，皇后则率领妃子们向先祖进膳。清代延续了这一传统，在寿皇殿中供奉历代皇帝的画像。一般贵族或民间大家族有祠堂，祭祖就在祠堂里进行。

二　凶礼

凶礼，顾名思义，是应对不祥，表示哀悼、抚恤、慰问的礼仪，包括丧礼、荒礼、吊礼、禬礼、恤礼等。这些礼仪不仅在本国内实行，也适用于与他国的交往。

丧礼是生活中人们遇见最多的凶礼，它的程序有属纩、沐浴、小敛、大殓、停灵、出殡等，这在前文丧葬一节已经有很多的介绍，这里再补充一些相关细节。人死之后，要通风报信，但用语有区别。一般平民死了，可以说“死”。如果有身份的人死了，就不能直接说死。天子死为“崩”，诸侯死为“薨”，士大夫死为“卒”。有一定社会地位的人，在出殡前要拟定谥号。这个谥号是根据死者生前的行为、品德来定的，是对死者一生的总结，因此非常严肃，即使是帝王，也不能过分隐恶。给君王和诸侯定谥号的惯例从西周的时候就开始了，可分为美谥、平谥、恶谥三种。

美谥当然是带有颂扬意味的谥号，如文、景、武、孝等。以汉代的皇帝和诸侯为例。由于长期战乱，汉初民生凋敝，经济萧条，汉文帝刘恒在大臣的建议下减轻人民的徭役和赋税，使社会稳定发展。刘恒本人十分温雅，身为皇帝，从不气势凌人，因此，根据“慈惠安民曰文”的礼仪制度，他的谥号为“文”。他的儿子景帝刘启继承了他的统治思想，进一步减轻百姓的负担，社会持续发展。刘启很有谋略，平定了历史上有名的“八王之乱”，加强了中央集权，使君主的地位得以巩固，后世再也没有大规模的诸王战乱，国家内部的和平为汉代全盛期的到来奠定了坚实的基础。根据“布义行刚曰景”的规则，刘启谥号为“景”。汉武帝刘彻一生功勋卓著，他慧眼识珠，提拔了卫青、霍去病这样著名的年轻军事家，大大地打击了匈奴的势力，扩大了汉朝的疆域，而且使边疆多年不受匈奴侵扰，所以谥号为“武”。汉景帝刘启的弟弟刘武，封为梁王。他喜欢招纳文士，很有才华。他的母亲窦太后非常喜欢他，而他对母亲也非常孝敬，因此死后谥号为“孝”，人称梁孝王。

平谥就是一般性的谥号，表示哀悯、怜惜，如殇、哀、愍、悼之类。在中国历史上，一个朝代持续数十年或几百年之后，就会弊端百出，国家衰落是大势所趋，末代王侯凭借个人力量在短时间内是无法挽回的，加上末代王侯一般都不得善终，所以就谥为“哀”。死于非命的王侯也经常定谥号为“哀”，古代这样的例子很多，如燕哀侯、陈哀公、郑哀公、楚哀王、汉哀帝、晋哀帝、唐哀帝、金哀宗等。有些皇帝登基时年龄非常小，有时又遭逢国家不幸，在位时间不长就夭折了，这类就可以谥为“殇”、“愍”。如唐殇帝李重茂，他是唐中宗李显的第四个儿子，唐中宗死后，韦后伪造诏书立重茂为帝，当时他只有十三岁。但是继位不到一个月，就被迫让位给睿宗李旦，也就是唐玄宗李隆基的父亲，后来被贬为房州刺史，玄宗开元二年死去了，年仅十七岁，他的谥号就为“殇”。再如晋愍帝司马邺，即位的时候正逢“永嘉之乱”，朝廷连车马都预备不齐。在位第五年，乱臣刘聪挟持了他，还公然在一次宴会上让他倒酒，洗酒杯，令在座的晋臣深感羞辱，痛哭流涕，但刘聪并未产生怜悯之心，最终还是杀了司马邺。这位年轻的皇帝死时才十八岁，他的不幸令人叹惋，所以谥号为“愍”。

获得恶谥的王侯当然都不是好人了。如周厉王姬胡，是有名的暴君，国人不堪压迫，发起暴动，把他赶出了京城。再如隋炀帝杨广，杨广也很有才华，但是为人阴险狡诈。他其实爱慕虚荣，崇尚奢华，但是为了博得父亲隋文帝杨坚的好感，总是装出一副简朴谦和的模样。他还利用机会，设计圈套，离间父亲和哥哥太子杨勇的关系，最终使杨勇被废，自己成为太子。更残忍的是，为了保住自己的地位，早日成为皇帝，他竟然杀死了父亲。隋炀帝在位期间，也有很多建树，但是他的生活过于奢靡，下令修筑的工程太多，耗费财力过快，又好大喜功，四处征伐，还任用了很多奸猾的官吏，颁布严刑酷法，老百姓实在是活不下去了，饿死的人到处都是，最终发生了大规模的暴乱，炀帝就在暴乱中被杀死了。

大臣和有一定地位的文人的谥号都是美谥。这类谥号可分为两种：一是朝廷赐予的，如范仲淹死后朝廷赐谥“文正”，后人称之为范文正公。王安石卒谥“文”，后人称之“王文公”。欧阳修和苏轼死后，谥号都为“文忠”。二是没有官职但有一定声望的人，死后他的亲友和弟子给他拟定谥号，因为不是出自官方，所以称为“私谥”。如晋代著名隐士陶渊明，私谥“靖节”，后人称之靖节先生。唐代著名的道士吴筠死后，他的弟子拟定私谥，曰宗元先生。诗人孟郊死后，韩愈和张籍以“贞曜”作为他的谥号。

凶礼当中的荒礼、吊礼、襘礼、恤礼也较为常见，举行这些典礼的都是官方。荒礼是年岁收成不好或瘟疫流行时的礼仪。比如国有大面积饥荒，遇到太后、皇帝或皇后的生日时，就下令简单办理，免进贡品，岁终按例该进献的东西也免去。派大臣到地方去给老百姓发粮食，有些皇帝还亲自祷告，下罪己诏，向上天检讨自己的过失，希望获得上天的宽恕，减轻民间的灾难等。《吕氏春秋》中记载商汤执政时，连年大旱，粮食五年没有收成，商汤亲自到桑林去祷告："上天呀！是我一个人有罪，不要祸及天下百姓。就算百姓有罪过，那也是因为我一个人的缘故。不要因为我一个人的过错，让鬼神伤害了百姓。"商汤还剪断了头发，向上天祈福。老百姓见了非常感动，而很快就天降大雨。《晏子春秋》中记载有一年齐国大旱，眼见农忙时节就要过去，一年的收成没指望了。齐景公很着急，召集群臣说："很久不下雨了，老百姓因为这个要挨饿。我命令占卜的人卜了卦，他说祸根藏在高山和深水里。我想了想，准备多收取一点儿赋税来祭祀山神，你们看怎么样?"大臣心里知道不合理，但是嘴上不敢说，所以没有人回答。晏子一贯直言不讳，上前说："不行，祭祀山神没什么好处，山神把石头当作身体，把草木当作头发，老天这么长时间不下雨，他的头发也变得焦黄，身体也受不了暑热，他难道就不想下雨吗？他既然自身难保，祭拜他又有什么用?"齐景公又说："这样不行，那我们就祭祀河神好吗?"晏子回答说："也不好。河神以水为国，以鱼鳖为臣民，天老也不下雨，泉水断流了，河也就干了，这时河神的国家要灭亡，鱼鳖之类的臣民也会干死，他难道就不想要雨水吗？他也自身难保，祭祀他也没什么用。您还不如用自己的行动去感动上天。"于是，齐景公到郊外露宿了三天，果然下了大雨，种地赶上了时节，老百姓有饭吃了。齐景公不由慨叹："晏子说得好啊！"

吊礼是死丧的凭吊或灾害的慰问，吊就是慰问的意思。如果一国的重要人物如皇帝、太后等去世，邻国要来吊唁。如果出现了严重的自然灾害，国君派人去慰问，包括邻国之间的相互慰问，这些都属于吊礼。如北宋开宝九年，赵匡胤在北征契丹的途中和他的亲弟弟赵光义在一起喝酒，晚上也住在了一起。第二天清晨，赵光义就对外宣布，赵匡胤突然驾崩了。朝廷急忙选派著作郎冯正为契丹国告哀使，去契丹送讣告。按照规定，告哀使只派一个人去，而且不带礼物。契丹国得到消息后，就派了祭奠使和吊慰使前来悼祭。

禬礼，禬是为消灾除病举行的仪式，禬礼的意思是遇到自然灾害或战乱，汇集物资以救灾的礼仪。如明代张陛《救荒事宜》中引管子所说的救灾方式：商汤在位七年的时候，大旱，大禹在位五年，大涝。人们饱受水旱之苦，吃不上饭的就卖儿卖女。商汤用庄山之金铸造成钱币，赎回了那些被卖出去的孩子。大禹用历山之金铸造钱币，救济了那些灾民。但是，到了明代的时候，没有山可以采铜铸钱币，当他的家乡遭了暴雨的袭击，田地被淹，米价迅速涨了多少倍，老百姓吃不饱饭的时候，乡里有声望有地位的人闻风而起，在一起商量免田租，捐钱，平价卖米，免费给灾民煮粥喝等等。汇集力量赈灾，这就属于禬礼的范畴。

恤礼是国内外发生战乱时举行的救助、慰问、存恤之类的典礼。春秋时期，诸侯国因为外来侵略或内部的动乱，蒙受损失时，周天子或盟国会汇合一些财货来救助，或者派遣使者去慰问。同盟国在军事上的相互援助也属于恤礼的一部分。如明代冯梦龙的小说《东周列国志》第八回写北戎大军侵犯齐国，形势非常危急。郑庄公听说了，急忙对世子郑忽说："齐国和郑国是同盟国，每次郑国出兵打仗，齐国都来协助我们。今天齐国来请求援助，我们应该快快去救他们。"郑忽于是选了三百辆兵车，星夜赶往齐国。齐僖公大喜，心里感激不已，亲自出城来迎接。

三　军礼

《周礼·春官·大宗伯》中把军礼分为五种：大师之礼，天子亲自率领军队出征的礼仪；大均之礼，军队建制管理方面的礼仪；大田之礼，天子检阅军队时的礼仪；大役之礼，发动重大工程，让百姓服劳役的礼仪；大封之礼，是确认疆土，封土植树的礼仪。这五种礼仪可以说是军礼的基本类型。后世史书记载中的军礼类型大致如此，但越往后内容和形式更为详细丰富。我们以《明史》为例来了解一下。

《明史》卷五十七所载军礼包括亲征、遣将、祃祭、受降、奏凯献俘、论功行赏、大阅、大射、救日伐鼓这些条目。

亲征因为是皇帝亲自率领军队去作战，所以亲征礼是军礼之首。相对于其他朝代，明代皇帝亲征次数比较多，明成祖朱棣因为前方战事屡屡失利，在永乐八年至二十二年曾经五次亲征蒙古，终于使边境地区得以平静。明英宗朱祁镇也曾效仿曾祖朱棣，亲征蒙古，可惜他没有军事谋略，在土木堡被俘虏了。明武宗好大喜功，正德十二年蒙古鞑靼小王子率领五万骑兵来侵犯。武宗年轻气盛，又好武斗，不顾群臣阻拦，亲自率兵应战。他还亲自加入战斗，并杀死了一名蒙古士兵，令蒙古人大为震撼。亲征事大，所以礼仪程序很繁琐。在出征前，要选择吉日祭告天地和祖宗。届时皇帝戴上武冠，乘坐革辂，准备好牲肉等供品，行三献礼，仪式过程和一年当中最隆重的祭祀是一样的。然后要到京城南面的土地神祠行祃祭礼。祃祭就是向神灵祷告，请神保佑战争的胜利。祭祀的前一天，皇帝要戴好通天冠，穿着绛纱袍，到神厨检查上供用的牲肉，看着人洗鼎、镬等炊具。到了祭祀那天，先在神位的后面插上六把军旗，皇帝戴着武冠从左南门进来，到庙廷的南面正中，向北站立，大将和陪祭官分成文武两排站在后面，跟着皇帝对着神位拜两次。三献完毕，太常奏请皇帝亲眼来看焚烧祭品，称为“望燎”。这时管事的要杀鸡刺血在酒碗里，据说这样神就能闻到腥味，享受祭品。祭品烧一半的时候，礼仪就算结束了，皇帝返驾回宫。之后就是择日率军出发了，但祭祀的活动不是就此结束了，在行军过程中，只要路过山川、岳镇、海渎，都要祭祀。如果行程匆忙，没太多的时间，就只用酒脯来祭祀，祭器用笾和豆各一个。路上每次祭祀前，皇帝都要斋戒一天，戴通天冠，穿绛纱袍，亲自洗净祭祀用的肉，再戴上武冠，进献供品，行一次礼。皇帝凯旋归来，仍要祭祀宗庙，把俘虏陈列在宗庙的南门、土地神祠的北门外，三献礼。祭祀完了，把俘虏交付给刑部的官员，然后皇帝再戴上通天冠，穿上绛纱袍，到午门的楼上颁布告捷的文书即露布。百官都要穿着朝服，洗耳恭听。

遣将礼就是派遣将领出征的礼仪。仪式进行前，皇帝先戴着武冠到奉天殿就座，大将军进来，在台阶上先拜四拜，然后从西面上殿，跪下，皇帝命人把象征着武力的节钺给他，他递给左右的人，行礼后下殿，再拜四拜。皇帝回宫，大将军到午门外，命令所部将士高举旗帜，鸣金敲鼓，列队高举节钺前进，前面有乐队作导引，朝中百官按照次序送将士出门。之后大将军要行造庙宜社之礼，即告武成王庙仪和祭祀土地神的仪式。武成王庙供奉的是西周时期的姜子牙，即太公望，姜子牙受命于周文王，辅佐武王讨伐商纣，立下汗马功劳，因此后世奉之为军事上的神灵。从唐肃宗时期开始,姜子牙被追封为武成王,每次出兵前将帅都要到庙前祭奠。出兵前祭祀土地神是因为万物都生长在大地上,土神掌握着万物的生命权,所以出兵前应告知土神,保佑将士们平安地回来。

明代受降礼遵循的是宋太祖赵匡胤接受后蜀孟昶投降的旧例。如明洪武四年七月,占据蜀地的夏明升投降,亲自来朝见。朱元璋在奉天门处理这件事,夏明升等君臣则在午门外跪进献待罪表,侍仪使捧着表文到奉天门,宣读完毕,又拿着圣旨到午门。夏明升等见圣旨来了,急忙匍匐跪在地上,侍仪舍人把夏明升扶了起来,其余属官也都跟着起来,接着又跪下听旨。听到免去他们的罪行的时候,他们急忙拜了五拜,并三呼万岁。等承制官宣读完他们的新官位后,侍仪舍人把他们领到殿前的台阶上,朝上拜四拜再上殿,跪听宣谕,拜四拜,三呼万岁,又拜四拜退出,百官行贺礼。

皇帝没有亲征的大将奏凯献俘仪如下:事先大都督呈上露布,内使监在午门楼上设皇帝御座和乐队等。到了举行仪式的清晨,先让乐队和俘虏在庙社的门外,不奏乐,等到告祭礼完了,再让乐队到午门楼前。将校押着俘虏站在卫兵的仗队之外,百官列队进来站好。皇帝穿着平常的衣服登楼,侍卫和平常站立的位置一样。大将在楼前就位,拜四拜,其他的将领随着拜四拜,退下去站好。这时乐队就开始奏凯乐,奏完读露布,读完交给中书省的官员,命他们把功绩颁示给天下。之后就是处理俘虏了。将校官押着俘虏到指定位置,刑部尚书跪下上奏完,要被砍头的人就在西厢交给施刑官。被宽恕的人,等楼上宣布释放的圣旨读完,就被松绑了。俘虏这时要谢恩,拜四拜,三呼万岁,就又被带下去了。一般的献俘仪是这样的，但也有特殊情况。如洪武三年六月，左副将军李文忠北征，大获全胜，俘虏了元宗室子孙买的里八剌。京师百官上书请行献俘礼，朱元璋因为所俘虏的人是前朝皇室，没有批准。只是让他穿着本族的衣服来朝见，之后赐给他明代的衣冠。朱元璋还对大臣说："前朝妃子也有朝见皇帝的，原来有这样的礼仪，但现在不必效仿了。"于是，被俘虏的元朝妃子没有见朱元璋，而是也穿着本族服装去见了马皇后，马皇后赐给他们明代女子的平常穿的衣服，就完事了。朱元璋人性化地对待元宗室俘虏，体现了一代君王的宽容气度。献俘仪后，论功行赏仪在奉天殿举行，皇太子和诸王也到场庆贺。仪式结束，将帅们走出午门，把诰命和礼物放在龙亭里，有仪仗鼓乐送还他们的府邸。第二天，受赏的将帅要进表称谢。

阅兵礼。阅兵是大事，所以阅兵前一天皇帝要到内殿告祭祖宗，禀告阅兵的事情。礼仪官在校场的将台上设了帐子，有大臣巡视教场。阅兵那天早上，皇帝要先派官员去教场祭旗纛之神，皇帝到了阅武门外，将官们穿着戎服跪着迎进来，皇帝下辇，入行宫，赐酒饭。接下来兵部官奏请大阅，皇帝登台看官军演习阵法，而公卿、驸马、伯、锦衣卫等官都在将台下比试骑马射箭，有兵部的官员监视记录。皇帝阅兵完毕，还到内殿告祭祖先。次日，皇帝听兵部官员对将士优劣和中箭多寡、教练等第的报告，三天后在皇极门行赏罚。

大射之礼是射箭的礼仪，先秦的时候比较流行，到了明代废弛已久。洪武三年明太祖，为了鼓励习武健身，加强军事力量，召命在郊庙祭祀之前先举行大射礼，规定的射鹄即箭靶有七种：

用五种颜色画的虎鹄是皇帝用的；五色的熊鹄是皇太子用的；五色的豹鹄是亲王用的；文武一品、二品官用四色的豹鹄；三品至五品官用三色的糁鹄；六品至九品官用两种颜色的狐鹄；布鹄不涂颜色的，供文武官的子弟和普通士民用。永乐年间有击球射柳的制度，皇帝亲临现场，射中的人有赏。永乐十一年的端午节，天气非常好，一点儿风丝都没有，明成祖朱棣驾幸东苑，即今故宫东华门外皇史宬一带，主持和观看比赛，文武群臣、四夷朝使和在京耆老也都在场。朱棣让参加比赛的人分成两队，皇太孙和诸王大臣也都依次击射。当时作为皇太孙的明宣宗朱瞻基击射连发皆中，朱棣非常高兴。所以后来宣宗颇受祖父朱棣的赏识和信赖，几次随朱棣亲征蒙古，立下了很多功劳，树立了威望。射柳比赛结束后，朱棣大大嘉奖了年方十五岁的爱孙，因为有威望的大臣和外来使臣都在场，朱棣还借机考考和显示孙儿的才学，说出一句："万方玉帛风云会。"皇太孙朱瞻基马上磕了个头，对曰："一统山河日月明。"朱棣大喜过望，立即赐给爱孙宝马、锦缎。其他射中的人有赏赐给了彩币、夏布，还让文臣来赋诗，君臣欢宴了一场。

救日伐鼓是救日食礼，当然这种仪式对自然现象不起任何作用，但古人却看做要事。古人认为日食是天狗把太阳吃了，是皇帝的地位受到威胁的不祥之兆，所以要举行仪式，使劲敲鼓镇住天狗，让它把太阳吐出来。所以发生日食那天，皇帝只穿常服，不到正殿，不理政事。如永乐十一年和二十年的正月，都发生了日食，明成祖朱棣就下诏那天不接受百官的朝贺礼，不设宴会。日食这天中书省设香案，百官要穿着朝服来案前行礼，鼓人在一旁不停地敲鼓，直到太阳恢复圆形。今天看来有些滑稽有趣，但古人行礼时非常严肃认真。

四　宾礼

宾礼是主客、君臣、东道国与他国等交往的礼仪。宾礼在《周礼》中已有记载，但在实行分封制的时代，主要指诸侯朝见天子和诸侯相互聘问的礼仪。随着社会制度的发展变化，后代的宾礼要比《周礼》更复杂更宽泛，如宋代，从宋太祖赵匡胤开始就崇尚文治，重视礼乐，朝中的大事依礼而行。宋代的外交环境很复杂，建国初期南唐小朝廷尚在，吴越的钱俶也独霸一方，后来又形成宋、辽、金鼎立的局面，各国之间交往频繁，所以《宋史》记载的宾礼较为全面，我们以此为例来了解一下。

萧绎《职贡图》，南京博物院藏

《宋史》所载宋代宾礼包括的项目非常多，如下：大朝会仪、常朝仪、入阁仪、明堂听政仪、举赦仪、皇太后垂帘仪、皇太子正至受贺仪、皇太子与百官师保相见仪、朝仪班序、百官转对、百官相见仪、录周后、录先圣、群臣朝使宴、饯朝臣、时节馈廪、外国君长来朝、契丹夏国使副见辞仪、高丽附金国使副见辞仪、诸国朝贡、群臣上表仪、宰臣赴上仪、朝省集议班位、臣僚上马之制、臣僚呵引之制。

大朝会仪、常朝仪、入阁仪和明堂听政仪是有联系的，都是本朝君臣之间相见、商量国家大事的礼仪。只不过大朝会仪是在春节、冬至等重大节日举行的，而常朝仪是君臣在固定的时间上朝的礼仪。皇帝上朝准备听政，群臣要按照官阶的高低分成两班，从东西两侧的阁门进殿，中间有跪拜等一系列的礼仪，这就是明堂听政仪和入阁仪。《宋史》宾礼中记载了大臣们应该怎么遵从礼仪，也记载了如果行为不当将受到怎样的惩罚。如淳化三年，太宗皇帝命有司举报，凡是定期入朝的文武官，如果有人在朝堂上彼此私自行跪拜礼，在等待上朝的时候走路或站立不合秩序，高谈阔论，到了正门还不端正地拿着笏板的，走路迟缓，排队不齐的，行礼时不合规矩的，退朝出阁門时不按顺序，在走廊里吃东西的，都罚一个月的俸禄。其他礼仪条目如皇太后垂帘仪、皇太子正至受贺仪、百官相见仪等是皇太后、太子和群臣之间的交往礼仪，具体如皇太子遇见自己的老师，也要按照宾礼行礼。官员在路上相遇，低级的官员要下马，让马匹和随从都避到一边并行礼，等高级官员过去再上马继续走等。不过《宋史》中最有特色的宾礼是与各国的交往礼仪，从其中的变化甚至可以窥测到宋代国势的盛衰。

北宋前中期，国势很强盛，南唐、吴越、高丽等国都来进贡，皇帝也很优待使臣，赐宴宫中，也赏赐一些礼物。但一方面，使臣都是恭敬地献上本国君主的书信，行大礼，而且逗留的时间不长，皇帝的赏赐也有限。如真宗时期，契丹国使入见，赐窄衣一对，一个金蹀躞子，一顶金涂银冠，一双靴子，二百两银子，一匹带鞍辔的马等。徽宗政和七年，那时国势也还稳定，高丽进奉使回国，赐以笾豆各十二，簠簋各四，登一，铏二，鼎二，罍洗一，尊二，送的东西还是很简单。但是当宋面对日益强大的金国，特别是北宋被金所灭，南宋建立，迁都杭州以后，皇帝对待金使的礼仪就与北宋时有了很大的不同。最开始是出于敌对态度，一切从简，后来因为无意抗金，主张议和，所以就让步妥协了，议和之后，为了长久地求得和平，避免金兵入侵，皇帝赏赐之多到了令人吃惊的程度。

据《宋史》中"金国聘使见辞仪"记载，北宋时金人使者来，受到的礼遇和契丹是一样的。南宋高宗绍兴三年十二月，金使来拜贺新年，这时边境刚刚安定一些，但时局还不明了，朝中百官本来就缺少硬骨头，加上逃难中受了很多苦头，惊魂未定，听见个"金"字都不寒而栗，就劝谏高宗说：国家全盛的时候，朝廷有尊严，百官都很富有，所以厚赏他们，今天暂时驻跸在此，那些旧礼数，就不要一一遵守了。于是碍于面子和胆怯，朝廷没有让金使臣们都进殿来，而且赐宴是在殿门外。五年后，金国又遣使来议和，下榻在驿馆，议和正合高宗的心愿，于是命王伦在驿馆中设宴款待他们，但这时出于敌对心理，高宗也没有亲自接见。到了绍兴十一年十一月，金国又派审议使来入见，那时高宗宫殿中侍卫不多，大臣说，不多设侍卫说明我们兵力太弱，有损国体，如果设太多又怕金人疑心，发动战争，于是前后思量，组织了一个一千五百人的卫队，用帷幕遮蔽，藏在殿廊内，才让使臣们进来。

宋金议和以后，南宋对金使明显放松了警惕，金使所享受的待遇越来越高了。绍兴十三年十一月，金贺正旦使刚到盱眙，就有大臣奉命赐宴，后来高宗又命金使到宫中赴宴，与从前在殿外赐宴大有不同了，而且这次金使坐在和宰臣相对偏南的位子上，可见礼遇隆重。次年正月一日，高宗又在紫宸殿招待金使，庆贺新年，从此定为惯例。这时宋金的关系已经相当缓和，五月，高宗过生日，名天申节，金使前来庆贺，朝廷允许使臣随大臣们在紫宸殿为高宗上寿。

此后，金使再来南宋贺新年形成了一套细致的程式。《宋史》记载如果北使到了，先在五十里外的客馆赐御筵。第二天使臣乘船到杭州北郭的税亭，喝完茶酒，上马入余杭门，到都亭驿，赐褥被等。次日临安府送酒食，再过一天到紫宸殿见皇帝，在垂拱殿用宴，这天赐茶器，名果。接下来金使到天竺山烧香，皇帝赐沉香、乳糖、斋筵、酒果，金使顺便还游览杭州名胜冷泉亭和呼猿洞。到了除夕，皇帝赐酒果、风药、花饧，请他们吃年夜饭，新年朝贺礼完毕，派大臣到驿馆赐御筵。初三赐酒果，赴浙江亭观潮。初四日赴玉津园燕射，赐弓矢、酒。初五日大宴集英殿。初六日告辞，又赐袭衣、金带、大银器，送金银，执政官到驿馆赐宴。第二天日加赐龙凤茶，金使出城，又派近臣押赐御筵。从以上记载可见，金使来到杭州，不仅入见皇帝，办公之余还游山玩水。皇帝不是赐财物就是赐宴，甚至金使出了都城还得请顿饭，也太周到细致了。

金使来南宋贺新年，得到的赏赐也够丰厚的。《宋史》载金使来贺一次，南宋共赐“大使金千四百两；副使金八百八十两，衣各三袭，金带各三条；都管、上节各赐银四十两；中下节各三十两，衣一袭，涂金带一条。使人到阙筵宴，凡用乐人三百人，百戏军七十人，筑球军三十二人，起立球门行人三十二人，旗鼓四十人，并下临安府差相扑一十五人”。和北宋真宗时期简单的二百两银子，一匹马，一双靴等物品及礼仪过程相比，何啻天壤。南宋表面上优待使臣，尊重传统，实际是因为国力内虚，君臣软弱，所以才尽量讨好，以求和平。不过这只是鼠目寸光的做法，不吸取教训，不发奋图强的南宋只顾苟安一时，最终还是被元兵灭掉了。

五　嘉礼

“嘉”有善、美好、吉庆的意思，所以嘉礼是喜庆气氛浓郁的礼仪。嘉礼在古代的范畴也是有所变化的，《宋史》卷一百十“嘉礼”中说，以前的史书中饮食、婚冠、宾射、飨宴、脤膰、庆贺之礼为嘉礼，《宋史》把岁时朝会、养老、宣赦、拜表、临轩命官作为了嘉礼的附属，到了北宋徽宗政和年间修缮礼仪的时候，把朝会分到宾礼类，其余的都和以前一样。从这一记载来看，嘉礼在北宋以后范畴缩小了，排除了朝会、授官之类的君臣会面之礼，主要包括婚礼、庆贺礼、冠礼、笄礼、乡饮酒礼、会饮之礼等吉庆礼仪。

婚礼是重要的嘉礼之一，“嘉礼”在特定的情境下就是指“婚礼”。如《后汉书》卷十下记载，汉桓帝刘志的皇后梁女莹，是大将军梁冀的妹妹，天生丽质。桓帝为蠡吾侯时，梁太后就看中了她，想把婚事办了，但是“未及嘉礼”，也就是没有等到举办婚礼的时候，汉质帝就死了，于是桓帝被推上了王位。本来婚礼打算按照“侯”的标准举行，这下变成了天子的大婚，当然就更加隆重了。下聘礼时，光黄金就达二万斤。古代皇室的婚礼是基本按照《周礼》中的六礼来进行的，而且总是耗费巨大，虽说重男轻女，但娶王妃和嫁公主不同，娶王妃是添丁进口的喜事，公主出嫁则意味着离别父母，不能经常见面，骨肉亲情怎能割舍？所以公主下嫁的耗费往往超过诸王娶妃。如《宋史》记载，公主订婚的时候，被选尚公主的人就封为驸马都尉，赐玉带、袭衣、银鞍勒马、采罗百匹，称为系亲。赐办婚事用的银万两，比亲王娶妃子的聘礼要高出数倍。等到结婚的时候，皇帝还会赐宅第给他们，如宋太祖开宝三年，贺皇后所生的昭庆公主下嫁左卫将军王承衍，太祖就赐宅第于景龙门外。公主的婚礼上，掌扇要比诸王娶妃的时候多四个，花烛笼多十个。驸马家中会骤然富贵体面许多，难怪俗话说“皇帝女儿不愁嫁”了。因为公主要嫁的都是臣子，地位比不上皇家，所以公主出嫁典礼称为“下降仪”。公主的结婚仪式按照当时礼俗进行，公婆虽然是长辈，地位却比公主低，所以公主给公婆行礼的一节一般都免了。不过到了宋神宗的时候，为了有助弘扬孝道、敬老的风气，诏命公主下嫁的时候给公婆行礼，开了先例。可实际上行不行礼也随公主个人的脾气，从小娇生惯养，趾高气昂，哪能放下架子？所以直到清代，尽管皇帝一再嘱咐，大部分公主依然我行我素，拒不执行。

庆贺礼是遇生日、节日、生子、升官等喜事举行的礼仪；冠礼和笄礼是男女成人礼，这些前几章已涉及。乡饮酒礼起源很早，变化也比较大。在周代，地方官每年到诸侯那里听从政令，回来转达给下级，聚在一起宴饮，称为乡饮酒礼。后来逐渐向敬老的方向转换，官员在各地宣传政令和督查政绩的同时，也宣扬老幼尊卑的秩序，于是请六十、七十、八十、九十岁老人来宴饮，这些老人都坐在席上，年龄越高，面前摆放的食品越多，五十岁以下的人则只能站在一边。宋元时期，地方官在选送当地优秀的学子到上级学府的时候，也宴请当地致仕的官员和年老有声望的儒士前来宴饮，同时表现庆贺和敬老之意。明初为了笼络人心，学府遵照上级命令，曾专门宴请年长的知识分子。乡饮酒礼的费用由官方出，这一礼俗一直持续到清代道光二十三年，清政府因为内忧外患，国库不足，决定停止各地乡饮酒礼的费用，改充军饷，乡饮酒礼就因此废止了。

《乾清宫千叟宴》，清武英殿刻本

君臣会饮、皇帝游幸、赐进士宴等也属于嘉礼。如宋代皇帝都喜欢行乐，太宗皇帝喜欢水中游戏，淳化三年三月到金明池，看游泳划船比赛，还把银瓶扔到水里，让人竞相去争抢。御船上奏着乐，舞女花枝招展，岸上站满了看热闹的百姓，太宗见其中有白发年长，命人赐白金器皿。真宗时设定了春秋大宴的常例，在风和日丽、百花争艳的日子率群臣饮酒赏花。咸平三年二月，真宗在后苑赏花，兴致颇浓，作了一首赏花钓鱼诗，在座大臣们都附和了一首，玩得非常高兴。从这以后，赏花钓鱼诗成为真宗时最常用的宴饮诗题。为了做出一首好诗，让皇帝高兴，大臣们在没事的时候把诗偷偷拟好，到时候假装沉吟片刻，就把诗写出来。皇帝开始很惊异，但时间长了，这种把戏就露馅了。如宋代阮阅《诗话总龟》卷三记载真宗有一次闲逛，看见翰林学士王禹偁倚着宫木好像在吟诗，就让宫使去探听，原来是在作赏花钓鱼诗。真宗于是想捉弄他一下，第二天日百官赴宴，真宗突然出了个千叶石榴花，让大臣们不知所措，而才学机敏的王禹偁却没被难倒，进一绝句："王母庭中亲见栽，张骞偷得下天来。谁家巧妇残针线，一撮生红熨不开。"真宗非常赞赏。为了维持宴饮秩序，自然有一些礼仪规定。如《宋史》卷一百三十记载酒宴上有武官喝多了胡言乱语和醉倒的，要先扶出去送回军营，免得耍酒疯，冒犯龙颜。托故请假不来赴宴的，御史台要核查。皇帝赐给大臣的花，要插在头上，好好戴回家去，不能让仆人拿着。要是一家父子兄弟都来赴宴，宴会结束的时候，地位和辈分低的先退等等。

古代举子金榜题名，会有人鸣锣拿帖来报喜。如《儒林外史》里写范进中举，报录人骑马鸣锣来报喜的情景。"到出榜那日，家里没有早饭米，母亲吩咐范进道：'我有一只生蛋的母鸡，你快拿集上去卖了，买几升米来煮餐粥吃，我已是饿的两眼都看不见了。'范进慌忙抱了鸡，走出门去。才去不到两个时候，只听得一片声的锣响，三匹马闯将来。那三个人下了马，把马拴在茅草棚上，一片声叫道：'快请范老爷出来，恭喜高中了！'母亲不知是甚事，吓得躲在屋里；听见中了，方敢伸出头来，说道：'诸位请坐，小儿方才出去了。’那些报录人道：‘原来是老太太。’大家簇拥着要喜钱。正在吵闹，又是几匹马，二报、二报到了，挤了一屋的人，茅草棚地下都坐满了。邻居都来了，挤着看。老太太没奈何，只得央及一个邻居去寻他儿子。”听人说“中了”自然是大喜事，大约是这个原因，古代赐贡士宴又名闻喜宴。唐代的时候，已经有给新科进士赐宴的先例。北宋徽宗政和时期，又重新修订了给进士赐宴的礼仪。届时有押宴官领着进士们至庭中，听到宣使说：“赐卿等闻喜宴。”所有人都一起拜四拜，押宴官稍前谢坐，拜两拜，其他人也再拜两拜。如果皇帝还赐敕书，只需领班的进士去叩头领取，把敕书放在笏上退下。之后来陪宴的官员从东、西两侧上殿，进士则按照年龄依次就座。行酒之间皇帝命人赐花给他们，这些花也要戴在头上。宋宁宗庆元五年五月在礼部的贡院赐进士宴，高兴之余还写了一首七言四韵诗，大臣奉和，从此以后，赐进士宴上皇帝赐诗成了常例。

以上各例以外，嘉礼还包括皇帝登基仪、册立后妃、进书仪、皇帝幸秘书监等。皇后册立礼就是授予皇后象征地位的金册与金宝的仪式。清代的金册镌刻着满汉两种文字，金宝也为满汉篆字，形式和皇帝的御宝是一样的。以光绪皇帝册封皇帝的典礼为例。清代皇帝大多在成年即位，他们的正妻是早就确定的，即位后册封就可。光绪皇帝则比较特殊，皇后的册封礼是和大婚一起进行的，是大婚的一个环节。光绪十五年正月二十六日，光绪皇帝先派遣官员告祭天地祖宗，然后到慈宁宫向皇太后慈禧行礼，再亲临太和殿，阅视金册金宝，命令使节持金节奉迎皇后，然后回到乾清宫等候皇后的到来。这边正使、副使拿着金节，率领仪仗队浩浩荡荡地出了太和门，使节之后，有人抬着盛放金册、金宝的龙亭。龙亭之后是皇后的华丽凤舆，用十六个人的抬着。这班人马一同出了午门、大清门，前往皇后叶赫那拉氏的府邸，即慈禧太后的亲弟弟都统桂祥的家。迎亲的队伍到了，正使先向皇后的父亲桂祥宣读迎娶皇后的制文，然后把金册金宝放在册案宝案上，新皇后到了拜位前，侍仪女官向她宣读了册文宝文，皇后接过金册金宝，行三跪三拜礼，册立大礼就完成了。等钦天监官报告吉时一到，皇后就穿着龙凤同合袍，坐上凤舆从正门进皇宫了。可惜的是，婚礼和册封礼再盛大严肃，也未能成就光绪皇帝和叶赫那拉氏的幸福生活，两个人的感情实在不好。